Under the editorship of
George E. Smith
University of California, Santa Barbara

Aventuras en la ciudad

Heywood Wald
Chairman
Department of Foreign Languages
and Bilingual Programs
Prospect Heights High School
Brooklyn, New York

Manuel Deren
Program Specialist
Office of Bilingual Education
Board of Education
New York City

HOUGHTON MIFFLIN COMPANY   BOSTON
Atlanta   Dallas   Geneva, Illinois   Hopewell, New Jersey   Palo Alto

Illustrated by Bill Negron

Printed in U.S.A.
Library of Congress Catalog Card Number 72–11248
ISBN: 0–395–14737–9

To the Student

If you live in or visit any major American city, it is almost certain that you will hear Spanish spoken or see it written somewhere. Spanish may even be your first or "native" language. But did you know that in a very real sense Spanish *is* the second language of all the United States? Did you know that this country has more native speakers of Spanish than there are in entire nations of South and Central America? Or that after Madrid, Barcelona, Buenos Aires, and Mexico City some of the largest Spanish-speaking cities in the world are Los Angeles, Houston, Dallas, El Paso, Chicago, Detroit, Miami, New York and Boston?

Where do all these Spanish-speakers come from? In the South West large numbers have been there since long before those regions were incorporated into the United States. Thousands of others come from Mexico, Cuba, the Dominican Republic, and the various nations of Central and South America. And, of course, the special relationship between the United States and the Commonwealth of Puerto Rico has profoundly influenced the growth of Spanish as a second national language.

This book is about everyday life in the cities and the great urban areas where Spanish is so frequently a major means of communication. The authors have had no particular city in mind in preparing this book. What they have attempted to do is to give you a humorous picture of city life, its complexities, its frustrations, its fun as seen through the eyes of speakers of Spanish. Here is a book that will help you develop your skills in Spanish — even if you already speak the language. It contains everyday, practical vocabulary, interesting readings, drawings and exercises, and gives you still another opportunity to use Spanish for communication of your thoughts and your ideas.

To the Teacher

AVENTURAS EN LA CIUDAD is not merely another intermediate reader. It is a bold attempt to provide the means to meet the age-old problem of every teacher of Spanish — how to get students to speak in the foreign language. Before students can speak, they must have something to talk about. AVENTURAS EN LA CIUDAD gives them the basis for conversation. It is a series of twenty-eight story-picture situations dealing with current urban life. The stories themselves are original, fast-paced, and amusing vignettes that relate to the life experiences of our current generation of students living in big cities.

The stories aim to stimulate the imagination of the students by taking material from their own background. Each story, written in lively, idiomatic Spanish, revolves around a real-life situation and is constructed around a specific vocabulary grouping (*e.g.* parts of the body, foods, etc.). Each situation is depicted by a full-page illustration which serves a fourfold purpose:

1 It introduces vocabulary used in the story without the intervention of English.
2 It visually enhances the presentation of the story.
3 It aids the student in summarizing the reading material.
4 It is an excellent point of departure for the promotion of meaningful conversation.

Before going into the reading phase, it is suggested that the teacher present the new vocabulary by describing each picture aloud in Spanish.

For example, a possible introduction to the vocabulary used in chapter 15, "La mejor salsa es el hambre" might be the following:

— ¿Tienen Uds. hambre? — Entonces, vamos a comer.

— Para comer bien hay que ir a un buen restaurante. Por ejemplo, el restaurante *La Buena Mesa*. (Teacher points to sign with name of restaurant.) Tenemos suerte, es la hora del almuerzo. (Teacher may then ask general questions.) —¿Qué hace todo el mundo aquí? (Pointing to customers eating) — Sí, todo el mundo está comiendo, menos una persona. ¿Ven Uds. a ese hombre gordo sentado a la mesa? Es don Gregorio. Parece que tiene mucha hambre. Tiene el cuchillo y el tenedor en la mano y está esperando con impaciencia. (pointing to utensils) — ¿Quién trae la comida? (pointing to waiter) — Sí, es el camarero. Y ¿qué tiene en la mano? (pointing to tray) — Es una bandeja con un plato cubierto. Ahora vamos a ver lo que pasa con nuestro amigo don Gregorio.

This is only a suggested procedure, and teachers should feel free to use their ingenuity and imagination in presenting the new vocabulary listed at the beginning of each lesson. This can be immediately followed by the reading of the story, as idiomatic difficulties are thoroughly covered in the marginal notes.

In addition to the illustrations, each lesson contains a visual aid pertinent to the story as well as a wealth of exercises and drills. Thus, through a natural approach of integrating picture, story and exercises, the students are helped and encouraged to make Spanish their language of communication in the classroom.

Also included in the book are four *Repaso y Recreo* chapters consisting of games and fun activities, serving to summarize the vocabulary and structures covered by the reading lessons. A cassette recording of selected stories is available. The recorded selections are marked by an asterisk in the Table of Contents.

AVENTURAS EN LA CIUDAD is the second book in the series of *Sequential Spanish Readers* from Houghton Mifflin Company. Included in the series are: Castillo-Castillo, PRIMERAS LECTURAS EN ESPAÑOL, and Quilter, EL HIDALGO DE LA MANCHA.

Table of Contents

El cuerpo humano: *la cabeza, la nariz, la boca, el ojo, la oreja, la garganta, el pecho, la espalda, el brazo, la mano, los dedos, la sangre, la enfermera *doler (me duele la espalda), ir al médico, examinar, sentirse bien (mal)*

1
¡Ay doctor, qué dolor!

¡Pobre Pablo! Hace dos semanas que tiene mucho dolor de espalda. Le duele tanto que no puede ni sentarse, ni levantarse, ni dormir. Siempre el mismo dolor continuo. Al fin decide ir al médico.

5 (*En el gabinete del doctor*)

Enfermera — Buenas tardes. ¿En qué puedo servirle?

Pablo — Buenas tardes, señorita. Generalmente gozo de muy buena salud. Pero como ve, estoy doblado.

Enfermera — Muy bien. Primero necesitamos cierta
10 información. Haga usted el favor de llenar este formulario:

hace (dos semanas) que
  for (*two weeks*)
tener dolor de (espalda)
  to have a (*back*)*ache*
doler *to hurt*
el gabinete *office*
¿en qué puedo servirle?
  what can I do for you?
gozar de *enjoy*

haga Ud. el favor de
  please

Dr. E. P. Demia
Médico y cirujano
Callejón del muerto número 13

15 Apellido *Pantuflas*.. Nombre *Pablo*......
Dirección *Correa . 927. El Paso, Texas* ....
          calle   número   ciudad   estado
Número de teléfono . *686 - 5800* ....
Edad *17* .... Fecha de nacimiento *21/6/56* ....
20   día   mes   año
Estatura: *6* .pies *7* . pulgadas   Peso: *120* libras
¿Cuáles de las enfermedades siguientes ha tenido usted?
    Sarampión ☑   Viruelas ☑   Paperas ☑
¿Padece usted de presión alta?   sí ☐   no ☑
25 ¿Padece usted del corazón?   sí ☐   no ☑
Defectos físicos . *pies planos* ....
Tipo de sangre .. *A* ....

la pulgada *inch*

el sarampión *measles*
las viruelas *smallpox*
las paperas *mumps*
padecer = sufrir
el corazón *heart*

el cirujano *surgeon*
callejón = calle pequeña

Después de llenar el formulario, Pablo se lo entrega a la enfermera.

30 *Enfermera* — Muy bien, pase por aquí. Vamos a prepararlo para el examen.

después de *after*
entregar *to hand over*
vamos a (prepararlo)
  let's (*prepare you*)

Pablo espera nerviosamente en uno de los consultorios. No se siente bien. Quiere volver a casa pero ya es demasiado tarde. Aparece el médico — un hombre de cara flaca y nariz larga y afilada. Lleva las
5 gafas en la cabeza. Tiene un aspecto confuso, y su bata larga y sucia tiene manchas de sangre.

Doctor — Que pase la próxima víctima, digo, paciente.

Pablo — Ya me siento mejor, me voy.
10 *Enfermera* — No se preocupe, Sr. Pantuflas. Es uno de sus chistes, el doctor es muy chistoso.

Doctor — A ver, abra la boca y saque la lengua.

— Pero doctor, me duele . . .

— No veo nada en la garganta.
15 El médico examina uno de los oídos.

— Con orejas tan grandes, debe oír todo.

— ¿Cómo? —

— Nada. A ver los ojos.

— Pero doctor, no me molesta la vista. Lo que me
20 duele es . . .

— Los ojos están bien. Quítese los zapatos.

— Oiga usted. No estoy aquí a causa de los pies, ni de las piernas, ni del estómago. Me duele la espalda y no puedo ponerme derecho.
25 — ¡Ajá! ¿Por qué no me lo dijo antes? Quítese la camisa.

El doctor le da varias palmadas en la espalda.

— ¿Le duele cuando mueve los brazos?

— Desde luego.
30 — Pues no los mueva. ¿Le duele cuando sube las escaleras?

— Ya lo creo, muchísimo.

— Pues, use el ascensor. ¿Le duele cuando camina?
35 — Pero hombre, claro que sí.

— Pues tome un taxi.

— Oígame, usted no sabe absolutamente nada, es un charlatán. Me voy para no perder más tiempo — dice Pablo poniéndose los zapatos.
40 — Muy bien. Pero primero pague usted la cuenta. Son 50 dólares.

Al oír esto, Pablo se pone derecho y, muy furioso, exclama:

— ¡Cincuenta dólares! ¿Por qué?
45 — ¿No ve usted que está curado?

---

sentirse *to feel*

flaco *thin, skinny*
afilado *sharp*

sucio *dirty*

el chiste *joke*
la lengua *tongue*

el oído *ear (sense of hearing)*

el pie *foot*
la pierna *leg*
el estómago *stomach*
ponerse derecho *to straighten up*

dar palmadas *to pat*

desde luego = claro, por supuesto *of course*

ya lo creo *you bet, I should say so*

claro que sí = por supuesto, desde luego *naturally*

el charlatán *quack (doctor)*
perder tiempo *to waste time*

Ejercicios

A　**Preguntas**

Conteste según la lectura.
(Answer on the basis of the reading selection.)

1　¿De qué sufre Pablo?
2　Según Pablo, ¿qué defecto físico tiene?
3　¿Por qué tiene que llenar un formulario?
4　¿Qué aspecto tiene el médico?
5　¿Cuánto dinero tiene que pagar al médico?

B　*Conteste según su reacción personal.*

1　¿Cuál es la fecha de su nacimiento?
2　¿Le duele a Vd. cuando le dan un golpe en la cara?
3　¿Qué lleva una persona que tiene mala vista?
4　¿Qué se usa para subir las escaleras?

C　*Escoja el modismo que es un sinónimo de cada palabra indicada.*
(Choose the idiom which is a synonym for each indicated expression.)

1　Voy al cine *muchas veces.*
2　*Tenga la bondad* de cerrar la puerta.
3　*Se ve* que no es muy inteligente.
4　Tenemos *al menos* diez dólares.
5　*Por fin* decide ir al médico.

a)　al fin
b)　haga Vd. el favor de
c)　a menudo
d)　por lo menos
e)　es obvio
f)　claro que sí

D　**¿Cierto o falso?**

Lea las oraciones siguientes y diga si cada una es cierta o falsa.
(Read the following sentences and indicate if they are true or false.)

1　Pablo es un muchacho muy gordo.
2　Pablo tiene orejas pequeñas.
3　El médico está solo en su consultorio.
4　Para un examen de la vista, hay que quitarse los zapatos.
5　Pablo no debe andar a pie.

E   *Escoja el sinónimo de cada palabra indicada.*
(Choose the synonym for each indicated word.)

1 *El médico* examina al enfermo.   a) caminar
2 El paciente entró en *el gabinete*.   b) el consultorio
3 Pablo no quiere *dar* su ropa a la enfermera.   c) la secretaria
4 Me gusta *andar* por el parque.   d) el doctor
5 Mi *estatura* es cinco pies y seis pulgadas.   e) altura
                                                            f) entregar

F   *Escoja el antónimo de cada palabra indicada.*

1 El médico *se levanta* cuando un paciente entra.   a) sucia
2 Esos dos hermanos son *diferentes*.   b) enfermo
3 Una persona *rica* puede tener problemas.   c) iguales
4 Lleva una camisa *limpia*.   d) se sienta
5 El paciente no está *curado*.   e) pobre
                                                            f) examinar

G   Diálogo incompleto

Complete el diálogo siguiente haciendo el papel del paciente.
(Complete the following dialog playing the role of the patient.)

Médico — Buenos días, señor, ¿qué desea?
Paciente . . .
Médico — ¿Cuánto tiempo hace que está así?
Paciente . . .
Médico — ¿Le duele cuando camina?
Paciente . . .
Médico — ¿Qué ha tomado?
Paciente . . .
Médico — Bueno, tome una de estas píldoras tres veces al día y haga una cita
con la enfermera para el lunes que viene.
Paciente . . .

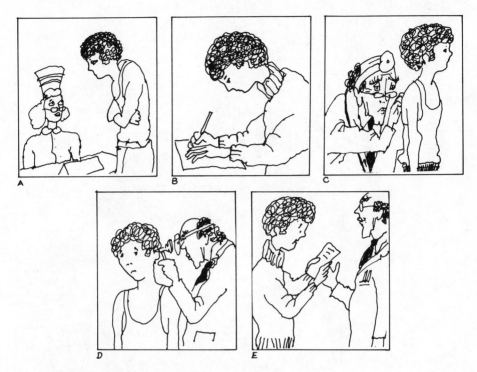

H   *Escoja la mejor descripción de cada dibujo.*
(Choose the best description for each drawing.)

1   El doctor le da varias palmadas a Pablo.
2   El doctor es muy chistoso.
3   Pablo llena un formulario.
4   Buenas tardes, joven. — Buenas tardes, señorita.
5   ¡Cincuenta dólares!
6   No veo nada en la garganta.
7   El médico examina el oído.
8   Pablo decide irse a su casa.

El cine: *las entradas, la taquilla, el horario, las rositas de maíz, la película, el acomodador, la linterna   *ir al cine, comprar las entradas, examinar el horario, el acomodador ayuda a encontrar los asientos*

2
La venganza de los monstruos
comedia en dos actos

Acto Primero

Al fin Sandalio Zapata ha conseguido una cita con Lupita Alemán. Desde el principio del semestre ha querido salir con Lupe y por fin ella acepta ir al cine con él.

al fin *at last*
conseguir *to get, to obtain*
la cita *date*
por fin = al fin

5 SANDALIO — Lupe, ¿qué tal te gustaría ir al cine Acapulco esta noche? He oído decir que dan dos películas fantásticas.

he oído decir que *I've heard that*

LUPE — Me encantaría, Sandalio. ¿Qué clase de películas son, comedias o películas de misterio?

10 SANDALIO — Ni la una ni la otra. Es algo mucho mejor. Es un doble estreno de películas de horror: "La venganza de los monstruos" y "El vampiro vegetariano".

estreno *première*

LUPE — Oh, no, Sandalio. Estas películas de mons-
15 truos me dan mucho miedo. Siempre me causan pesadillas.

dar miedo *to frighten*
la pesadilla = sueño malo

SANDALIO — No seas niña. Voy a estar a tu lado y no tienes que temer. Prometo estrechar tu mano durante toda la función.

20 LUPE — Bueno, en ese caso . . .

SANDALIO — Estupendo. Pasaré a recogerte a las 7:30.

Acto Segundo

A las siete y media en punto, Sandalio llega a la casa de Lupe vestido para causar la mejor impresión posi-
25 ble. Se apresuran porque no quieren llegar tarde a la primera función. Antes de comprar las entradas, Sandalio examina el horario que está en la taquilla.

en punto *sharp*

apresurarse *to hurry*

TEATRO ACAPULCO

Siempre Presentando Las Mejores Atracciones Cinematográficas.

Aire Acondicionado — Pantalla Panorámica

la pantalla   *screen*

5

HORARIO	LISTA DE PRECIOS		
Función Continua de		*Adultos*	*Menores*
1:00 a 11:30 P.M.	Platea	2.50	1.50
1) Noticiero			
2) Cortos	Luneta	1.75	1.00
3) Atracciones Próximas	Galería	1.00	0.50
4) Película Principal			
5) Segunda Atracción			

la platea   *rear orchestra seat*
el noticiero   *news*
la luneta   *front orchestra seat*

SANDALIO (*a la taquillera*) — Dos asientos de galería
por favor. (*a Lupe*) — Antes de subir, vamos a
15   comprar un paquete de rosemas de maíz para no
tener que levantarnos durante la función.

rositas de maíz   *popcorn*

El acomodador los ayuda a encontrar dos asientos
vacíos con su linterna y cuando se va, los dos jóvenes
quedan sentados en la oscuridad del teatro. En la
20   pantalla se ve a un hombre en un cementerio desierto,
cavando una tumba durante la noche.

vacío   *free*

cavar   *to dig*

LUPE (*acercándose a Sandalio y agarrándole el brazo*)
— Ay, Sandalio, ya tengo carne de gallina. No sé
si podré resistirlo.
25   SANDALIO — Cálmate. Recuerda que estoy a tu lado.
VOZ DE LA PANTALLA — Necesito beber sangre
fresca.
LUPE — ¡Ay, Sandalio!
VOZ — He vuelto de la tumba para vengarme.
30   LUPE (*agarrándose más fuertemente a Sandalio*) —
¡Tengo mucho miedo!
VOZ FEMENINA (*chillando*) — ¡Dios mío! Es el cadáver de mi marido. No, no me toques. Tú estás
muerto.
35   LUPE (*temblorosa*) — ¡Ay, madre mía!

agarrar   *to seize*
carne de gallina   *goose bumps*

chillar   *to scream*

La película se vuelve cada vez más horrenda. En la escena final se ve el hombre-lobo luchando mano a mano con el monstruo de Frankenstein a la luz de la luna llena mientras que un grupo de cadáveres andantes es atacado por vampiros. Lupe se cubre los ojos con ambas manos para no ver el final de la película. Cuando las luces se encienden, exclama:

LUPE — ¡Qué horror! Esta película me ha asustado más de lo que yo pensaba. Gracias a Dios que estabas a mi lado. No sé cómo has podido resistir todo este horror. Eres tan valiente. Pero Sandalio, ¿por qué no me respondes? ¡Sandalio, Sandalio! ¡Ay, Dios mío! Se ha desmayado.

---

volverse *to become*

cada vez más *more and more*

a la luz de *by the light of*

cadáveres andantes *zombies*

asustar *to frighten*

desmayarse *to faint*

Ejercicios

A   Preguntas

Conteste según la lectura.

1   ¿Qué efecto le causan a Lupita las películas de horror?
2   Para ver una función en el teatro Acapulco, ¿cuál es la entrada más barata que se puede comprar?
3   En la película, ¿con quién pelea el hombre-lobo?
4   ¿Qué compran los jóvenes después de entrar en el teatro?
5   ¿Vió Sandalio el final de la película?   ¿por qué no?

B   *Conteste según su reacción personal.*

1   ¿Va Vd. al cine a menudo?
2   ¿Dónde prefiere sentarse Vd. en el cine?
3   ¿A qué hora le gusta a Vd. salir con sus amigos?
4   ¿Cuál es su clase de película favorita?
5   ¿Quién es su actor favorito?   ¿Quién es su actriz favorita?

C   *Escoja la expresión que mejor complete cada frase.*
(Choose the expression which best completes each sentence.)

1   Al fin ha conseguido . . .   a)   me dan mucho miedo
2   Las películas de monstruos . . .   b)   dos asientos vacíos
3   Sandalio examina . . .   c)   todo este horror
4   El acomodador los ayuda a
     encontrar . . .   d)   el horario que está en la taquilla
5   No sé cómo has podido resistir . . . e)   una cita con ella

D   *Escoja la palabra en inglés que corresponde a cada palabra en español.*
(Choose the English word which corresponds with one of the Spanish words.)

1   noche   a)   *murky*
2   mano   b)   *embrace*
3   brazo   c)   *notch*
4   fresco   d)   *manufacture*
5   muerto   e)   *nocturnal*
             f)   *refreshment*
             g)   *mortal*

E   Frases locas

Los siguientes grupos de palabras no están en orden. Póngalos en orden para que formen una oración.
(The following word groups are not in proper order. Put them in order so that they form a sentence.)

1   ¿qué / gustaría / cine / tal / al / noche / le / ir / esta?
2   me / miedo / estas / mucho / películas / dan.
3   no / tarde / función / llegar / la primera / quieren / a.
4   dos / quedan / oscuridad / en / los / jóvenes / sentados / la.
5   los / manos / se / ojos / cubre / con / ambas.

F   Sinónimos y antónimos

Escoja el sinónimo.

1   *encontrar*   cavar / hallar / entrar / contar
2   *temer*   comprar / dar / funcionar / tener miedo
3   *se apresuran*   se dan prisa / se dan importancia / encuentran / se encienden
4   *chillar*   morir / gritar / hacer frío / resistir
5   *desierto*   noche / cementerio / horror / vacío

G   *Escoja el antónimo*

1   *tarde*   al fin / temprano / clase / cita
2   *adulto*   mayor / vampiro / menor / función
3   *misterio*   película / horror / pantalla / comedia
4   *vacío*   ocupado / desierto / oscuro / sediento
5   *soltar*   parar / caminar / agarrar / temblar

H   *Escoja la mejor definición de cada palabra indicada.*
(Choose the best definition for each indicated word.)

1   *el acomodador*   a)   persona que ayuda a encontrar asientos
2   *el cadáver*   b)   telón en que se proyectan las imágenes en el cine
3   *la película*   c)   lugar donde se compran billetes
4   *la taquilla*   d)   espectáculo de cine
5   *la pantalla*   e)   cuerpo muerto
    f)   sueño malo

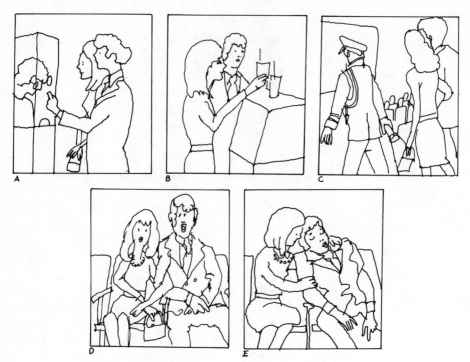

I   *Escoja la mejor descripción de cada dibujo.*
(Choose the best description for each drawing.)

a)   Sandalio compra las entradas.
b)   Lupita se agarra del brazo de Sandalio.
c)   Lupita acepta una cita con Sandalio.
d)   El hombre-lobo lucha con Frankenstein.
e)   El acomodador los ayuda a encontrar asiento.
f)   Sandalio se desmaya.
g)   Sandalio compra refrescos.

J   Diálogo incompleto.

Complete el diálogo siguiente haciendo el papel de Lupita.

Sandalio — Hola, ¿Lupita? ¿Quieres ir al cine el sábado?
Lupita . . .
Sandalio — No, no es una película de misterio, es una comedia.
Lupita . . .
Sandalio — Sí, es un estreno. Nadie la ha visto todavía.
Lupita . . .
Sandalio — Magnífico. ¿A qué hora puedo pasar a recogerte?
Lupita . . .
Sandalio — Muy bien. Hasta el sábado.
Lupita . . .

La casa: *el dueño, la sala, la cocina, el techo, el piso, el armario, la estufa*
*ver un apartamento caro (barato, viejo, moderno, oscuro, bien equipado), en-
contrar una residencia*

3
Se alquila apartamento

¡Qué día tan feliz! Josefina y Jorge, dos recién casados, acaban de regresar de su luna de miel. Dos semanas inolvidables en un paraíso tropical. Pero ahora la vida comienza de veras. No se puede pasar
5 toda la vida en un hotel; ¡necesitan un apartamento!

Jorge lee con mucho cuidado la sección de anuncios clasificados en el periódico. Hay muchos apartamentos, pero son muy caros o demasiado grandes. Ellos son dos y claro que no tienen hijos todavía.
10 Jorge pone una equis al lado de cada anuncio satisfactorio.

alquilar *to rent*

de veras *really*

claro que *of course*
al lado de *next to*

Se alquila apartamento amueblado, sala, comedor, tres habitaciones, cocina, baño, garaje. Teléfono 175–9230	Apto. cómodo en buenas condiciones. Un dormitorio, sala, cocina y baño. Avenida Hamilton #37, entre Correa y Hunt. ✕
Magnífico apartamento disponible. Sala, baño, cocina, un dormitorio. ✕ Alquiler bajo. Calle Correa No. 197	Casa moderna. Seis piezas lujosas. Alquiler $175 gas y electricidad incluídos. Tel. ME5–5300. Llame después de las seis.
Cómodo piso en barrio residencial. Sala, dos baños, cocina hollywood y tres dormitorios con amplios armarios. Alquiler: $225 al mes.	¡Oportunidad única! Ultra moderno apto. de un dormitorio. Todas comodidades. ¡Hay que verlo para creerlo! Alquiler módico. Edificio Florida, Calle H No. 111 ✕

el dormitorio *bedroom*
la habitación *room*
el cuarto de baño *bathroom*

disponible *available*

el alquiler *rent*

— Josefina, ¿Quieres ir a ver estos apartamentos hoy? Los tres parecen buenos.
30 — ¿Por qué no? Hoy es domingo y tenemos que encontrar una residencia lo más pronto posible.

tener que *to have to*

lo más pronto posible *as soon as possible*

Llenos de esperanza, salen a buscar la casa de sus sueños. Llegan a la primera dirección. Está en una calle estrecha con casas viejas. Tocan a la puerta y sale un hombre grueso y calvo, que tiene unos cin-
5 cuenta años. Los saluda con una sonrisa y dice:

— ¿Qué desean ustedes?

— Queremos ver el apartamento vacío. ¿Trabaja Vd. aquí?

— No, yo soy el dueño. Pasen ustedes por aquí.

10 Entran en la casa, pasan por un pasillo oscuro y llegan a una puerta. El dueño abre la puerta y dice:

— Vengan, vengan ustedes. ¡Síganme!

— Pero ¿por qué bajamos?

— Pues, a ver el apartamento. Aquí estamos.
15 ¿Qué les parece?

— Está demasiado oscuro. Estamos en el sótano ¿verdad?

— Bueno, sí. Pero con la luz eléctrica no hay problema.

20 — Gracias por todo, pero preferimos la luz del sol. Ya le avisaremos.

El segundo apartamento no queda muy lejos. Caminan la corta distancia hasta llegar ante una casa de apartamentos antigua. Llaman a la puerta y hablan
25 con un hombre.

— ¿Nos puede mostrar el apartamento disponible?

— Sí señor, con mucho gusto. Vengan conmigo, por favor.

Lo siguen y, en lugar de bajar, suben . . . y suben . . .
30 y suben.

— Hombre, ¿cuántos pisos más tenemos que subir?

— Pues, usted sabe que en estas casas viejas no hay ascensor. El apartamento está en el quinto piso.
35 Ya falta poco.

(*respirando fuertemente*) — ¡Poco para usted! Para mí es mucho.

— Muchas gracias. Le avisaremos.

Desilusionados, Jorge y Josefina salen del edificio.
40 — Ay Jorgito. Nunca vamos a encontrar casa.

---

estrecha *narrow*
grueso = gordo

pasen por aquí *come this way*

el pasillo *hallway*

¿qué les parece? = ¿qué creen ustedes? *what do you think?*
el sótano *basement*

ya le avisaremos *we'll let you know*

con mucho gusto *with great pleasure*

en lugar de = en vez de *instead of*

ya falta poco *only a little bit more to go*

— No te preocupes, mi vida. Tarde o temprano tenemos que encontrar algo.

  — Bueno, amor mío, vamos a ver la última casa.

Llegan a una casa de apartamentos grande y mo-
5 derna.

  — Jorge, ¿estás seguro que ésta es la casa? Un apartamento en este barrio va a costar una fortuna.

  — No tenemos nada que perder. Vamos a verlo.

El portero los recibe y les enseña el apartamento.
10   — ¡Oh, qué sala tan bonita!

  — Y mira esta cocina. Tan moderna y bien equipada. Todos los aparatos son eléctricos.

  — El baño es un sueño. Tiene ducha y bañera.

  — Además fíjense que tienen un dormitorio de
15 esquina que da al parque. Amplio, clarísimo y muy bien ventilado.

  — Pero, ¿cuánto es el alquiler? Debe ser muy alto.

  — No señor, al contrario, solamente piden setenta dólares mensuales.

20   — ¡Setenta dólares al mes!

  — Es una ganga, lo tomamos.

En este momento se oye un ruido insoportable en el techo. El techo y las paredes empiezan a temblar y de repente caen pedazos de pintura.
25   — Pero madre mía, ¿qué es eso?

  — Es el inquilino de arriba.

  — ¡El inquilino de arriba! Pero, ¿qué diablos está haciendo?

  — Oh, nada, es un bailador de flamenco. Pero, no
30 se preocupen, de lunes a viernes practica de día. Solamente los sábados y los domingos practica de noche.

---

tarde o temprano *sooner or later*

la ducha *shower-bath*
la bañera *bath-tub*
la esquina *corner*
dar a *to face*

al contrario *on the contrary*

la ganga *bargain*

empiezan a = comienzan a
de repente = de pronto *suddenly*
el pedazo *piece, bit*
el inquilino *tenant*

de día = durante el día *by day*
de noche = lo contrario de "de día"

Ejercicios

A Preguntas

Conteste según la lectura.

1 ¿Qué tienen que hacer Jorge y Josefina?
2 ¿Por qué no toman el primer apartamento?
3 ¿Cuál es la reacción de Jorge en la segunda casa? ¿por qué?
4 ¿Qué creen los recién casados acerca de la última residencia?
5 ¿Por qué es tan bajo el último alquiler?

B *Conteste según su reacción personal.*

1 ¿Cómo son la calle y el barrio donde vive Vd.?
2 Si Vd. quiere encontrar un apartamento, ¿qué tiene que hacer?
3 Describa su casa.
4 ¿Le gusta su casa? ¿por qué?
5 ¿Dónde prefiere vivir, en una casa de apartamentos o en una casa propia? ¿por qué?

C Diálogo incompleto

Complete la conversación siguiente haciendo el papel del futuro inquilino.

Conserje — ¿Qué desea Vd. caballero?
Futuro inquilino . . .
Conserje — Sí, como no. Tenemos dos apartamentos vacíos.
Futuro inquilino . . .
Conserje — Uno tiene dos dormitorios y el otro tiene solamente uno. ¿Cuál desea ver?
Futuro inquilino . . .
Conserje — Sígame. Ese apartamento está en el cuarto piso.
Futuro inquilino . . .
Conserje — Lo siento, pero no tenemos ascensor. ¿Desea ver el otro apartamento?
Futuro inquilino . . .
Conserje — Ese está en el sótano, así que no tiene que preocuparse.

D *Escoja la expresión o palabra que mejor complete cada oración.*
(Choose the expression or word which best completes each sentence.)

1 Jorge y Josefina son (dos personas calvas / los dueños de un hotel tropical / un matrimonio / dos porteros).
2 Los anuncios de apartamentos vacíos aparecen en (el cine / una calle estrecha / un barrio oscuro / el periódico).
3 Jorge y Josefina buscan una casa para (pasar la luna de miel / destruirla / vivir en ella / morir allí).
4 Muchas veces uno desayuna en (el cuarto de baño / la cocina / la bañera / el sótano).
5 No les gusta el primer apartamento porque (es oscuro / es caro / está lejos del centro / no hay luz eléctrica).

E *Sustituya cada expresión indicada por una expresión de la lista.*
(For each indicated expression substitute an expression from the list.)

1 *Debemos* hacer todo el trabajo.
2 *Es necesario* comer para vivir.
3 Ahora *hablemos* con el dueño.
4 Las paredes *comienzan a* temblar.
5 Suben *en lugar de* bajar.

a) con cuidado
b) hay que
c) vamos a hablar
d) en vez de
e) tenemos que
f) empiezan a
g) al lado de

F *Complete las oraciones siguientes con la mejor palabra o la mejor expresión en cada caso.*
(Complete the following sentences with the best word or expression.)

1 Un ascensor sirve para . . .
2 Un . . . cuida una casa de apartamentos.
3 Un edificio alto tiene muchos . . .
4 Uno puede bañarse en . . . o en . . .
5 Por un apartamento lujoso hay que pagar un . . . alto.

La ciudad: *la calle, el edificio, la esquina, el semáforo, la cuadra, el sub-terráneo, el buzón, el puesto de periódicos, el autobús *caminar, cruzar la calle, doblar a la derecha (izquierda), bajar del autobús, perderse*

4
Caramba, ¿dónde estoy?

¡El primer día de Manfredo y Zenobia en los Estados Unidos! Acaban de llegar del aeropuerto y ya están instalados en su habitación del hotel. Mientras Zenobia desempaqueta las maletas y guarda la ropa, su marido hace una llamada telefónica.

5

— Hola ¿Raúl? . . . . Te habla Manfredo . . . . . Sí, sí, Manfredo Frijoles . . . . No, vinimos por avión . . . . . Hace solamente media hora que aterrizamos . . . . . Estamos en el Hotel Excelsior . . . . ¿Cómo?

10

. . . . . . No, no estamos cansados. Viajar en uno de estos aviones a chorro es algo fantástico . . . . . . Nos encantaría cenar con Vds. esta noche. (*Aparte, a su esposa*) — ¿De acuerdo, mi vida? *Zenobia* — Por supuesto. ¿Qué mejor manera de pasar nuestra primera noche en esta ciudad?

15

— Bueno, Raúl. Nos parece muy buena idea. ¿Cómo se va a tu casa? . . . . . ¿Taxi? ¡Qué va! No somos niños. Lo que queremos es ver esta ciudad de cerca; viajar como los habitantes de aquí. Solamente dame tu dirección y dime cómo llegar.

20

(*Aparte, a su esposa*) — Presta atención. Voy a repetir las instrucciones. Así, si se me olvida algo, puedo preguntarte.

— Estoy listo Raúl, dime . . . . Cogemos el subterráneo en la esquina . . . . Nos bajamos en la tercera estación . . . . Al salir, al otro lado de la calle, hay una parada de autobús frente a una ferretería . . . . Tomamos el número 59 por una distancia de 10 cuadras hasta el Banco Central . . . Caminamos derecho hasta el primer semáforo. Ahí doblamos a la derecha, y la casa está al lado de la Panadería Madrid. Es el número 222. No te preocupes, Raúl. Nos veremos dentro de una hora. Hasta luego.

25

30

acabar de *to have just*

guardar *to put away*
hacer una llamada telefónica = llamar por teléfono

aterrizar *to land*

el avión a chorro *jet plane*

¿de acuerdo? *agreed?*
mi vida *dear, darling*

de cerca *close up*

prestar atención *to pay attention*

coger *to take*

al salir *upon leaving*
al otro lado de *on the other side of*
frente a *in front of*
la ferretería *hardware store*
la cuadra *block (of houses)*
a la derecha *to the right*
no te preocupes *don't worry*
dentro de (una hora) = en (una hora)

21

Dos horas más tarde, encontramos a Manfredo y a Zenobia sentados en un banco en medio de un parque público.

en medio de   *in the middle of*

— Te dije, Manfredo, que teníamos que seguir dere-
5   cho después de bajarnos del autobús, pero insististe en doblar a la derecha. Por eso nos perdimos. Nunca me haces caso porque crees que las mujeres somos unas tontas.

bajarse (del autobús)   *to get off (the bus)*
hacer caso   *to pay attention to*

— Ya sé, ya sé. No tienes que repetirlo tantas
10   veces. Además, no me avisaste a tiempo.

avisar   *to warn*
de todas maneras   *anyway*

— De todas maneras, nunca llegaremos y no puedo dar un paso más. Preguntemos a ese policía cómo volver al hotel.

Policía — ¿El Hotel Excelsior? No queda muy lejos,
15   pero es mejor no ir a pie. ¿Ven aquel puesto de perió-dicos? Doblen a la izquierda en esa esquina y cami-nen cinco cuadras hasta llegar a un buzón. Estarán frente a una estación de bomberos. Crucen la calle y cojan el autobús número 58 hasta el hotel.

quedar (lejos) = estar (lejos)
ir a pie = caminar
a la izquierda = lo contra-rio de "a la derecha"
la estación de bomberos *fire station*

20   — Muchas gracias, señor.
— De nada. Para servirles.

Muy agradecidos, marido y mujer empiezan a cami-nar al hotel. No han andado tres cuadras cuando oyen la voz de un hombre.

empezar a (caminar)   *to start (walking)*

25   — Manfredo, Zenobia. Aquí estoy. — Sorpren-didos, ambos levantan la vista y ven a Raúl, asomado a una ventana de su casa.

asomado a (una ventana) *leaning out (a window)*

— ¿Qué les pasó, Manfredo? Hace tres horas que estoy esperándolos. ¿Se perdieron?

30   — ¿Perdernos nosotros? ¿Qué somos, niños? El tiempo estaba tan agradable que decidimos dar un paseo y visitar varios lugares interesantes.

dar un paseo = dar una vuelta   *to take a walk*

Ejercicios

A Preguntas

Conteste según la lectura.

1 ¿Dónde pasa el matrimonio su primer día en los Estados Unidos?
2 ¿Por qué se perdieron?
3 ¿Quién les ayudó a encontrar la dirección que buscaban?
4 ¿Dónde estaba su amigo Raúl?
5 ¿Qué le dijeron a Raúl para no admitir que se habían perdido?

B *Conteste según su reacción personal.*

1 ¿Cómo prefiere Vd. viajar?
2 ¿Qué lugares quiere Vd. visitar en el extranjero?
3 ¿Cuál es el medio de transporte más común en su ciudad?
4 ¿Para qué va uno al parque?
5 ¿Qué hace Vd. cuando el tiempo está agradable?

C Modismos

Forme oraciones completas combinando A y B.
(Form complete sentences by combining A and B.)

A	**B**
1 Acaban de	a) porque me cree tonto
2 Dan un paseo	b) tengo miedo
3 No me hace caso	c) por las calles de la ciudad
4 Hace una llamada	d) por teléfono
	e) llegar del aeropuerto

D *Escoja el sinónimo de cada palabra indicada.*

1 *la habitación* el habitante / el hombre / el cuarto / cuatro
2 *la maleta* la enfermedad / el baúl / la ropa / el hotel
3 *el marido* la mujer / el marinero / el semáforo / el esposo
4 *volver* regresar / devolver / coger / caminar
5 *mi vida* mi panadería / mi cuerpo / mi amor / mi muerte

E **¿Adónde va a llegar Vd.?**

Use el mapa de Centrovilla.

1 Vd. sale del Hotel Ritz y va al correo para echar una carta. Camina por la Calle Dieciocho, pasa al lado de la estación de gasolina y sigue una cuadra más hasta llegar al . . . para ver los animales.

2 Vd. acaba de comer en "La Buena Mesa." Coge el tren el la esquina de la Avenida Doce y la Calle Veinte; se baja en la próxima parada en la Décima Avenida y cambia de tren. Coge el tren de la Décima Avenida hasta la tercera parada. Al salir del subterráneo está detrás del . . .

3 Vd. acaba de llegar en autobús. Coge un taxi en la terminal; se baja un momento en la florería para comprar una docena de rosas. Sigue en el taxi hasta la Avenida de las Américas, donde dobla a la derecha. Después de ir cuatro cuadras más, ha llegado a tiempo para la ceremonia de bodas en . . .

4 Vd. sale de Hotel Excelsior por la Avenida de las Américas. Va hasta la confitería "El Latino," donde compra una caja de bombones. Va por la Calle Hidalgo hasta la esquina donde está la cabina telefónica más cercana. Hace una llamada y sigue derecho por una cuadra y media para visitar a un amigo enfermo en el . . .

5 Vd. se encuentra con su amigo junto al buzón enfrente del banco. Toman el autobús hasta la parada de la Calle Bolívar. Se bajan, y en la Calle Bolívar doblan a la derecha. Caminan una cuadra y media y compran dos entradas para ver una película en el . . .

MAPA DE CENTROVILLA

F   *Escoja el antónimo de cada palabra indicada.*

1 *primero*   número / último / cansado / policía
2 *bajar*   perder / andar / subir / pasearse
3 *a la derecha*   al lado / en medio / a la izquierda / junto a
4 *tonto*   guapo / inteligente / estúpido / bobo
5 *a tiempo*   temprano / tarde / lejos / cercano

G   *En cada una de las oraciones siguientes hay una palabra que no es la correcta según el cuento. Encuentre la palabra incorrecta.*
(Each sentence contains a word which is incorrect according to the story. Find this word.)

1 Zenobia empaca las maletas.
2 Zenobia y Manfredo llegaron hace dos días.
3 Raúl vive frente a la panadería Madrid.
4 Viajar en un avión a chorro es una pesadilla.
5 Para descansar se sientan en el Banco Central.

H   **¿ Cuál es más rápido?**

Ponga los medios de transporte siguientes en orden de rapidez.
(Put the means of transportation in the order of their speed.)

1 el avión   2 el subterráneo   3 el autobús   4 ir a pie
5 la bicicleta   6 el taxi   7 la motocicleta

I   **Diálogo incompleto**

Complete el siguiente diálogo haciendo el papel de Raúl.

Manfredo — ¡Bueno! ¿Raúl? Te habla Manfredo.
Raúl . . .
Manfredo — Bien, gracias. ¿Vas a estar en casa esta noche?
Raúl . . .
Manfredo — ¡Cómo no! Nos veremos a las nueve.
Raúl . . .
Manfredo — Muchas gracias, pero tenemos reservaciones para cenar.
Raúl . . .
Manfredo — De acuerdo. Hasta las nueve.
Raúl . . .

J *Escoja la mejor descripción de cada dibujo.*

1 El avión aterriza.
2 Zenobia desempaqueta.
3 Manfredo coge el subterráneo.
4 Manfredo habla por teléfono.
5 Manfredo y Zenobia hablan con el agente de policía.
6 Manfredo y Zenobia doblan a la derecha.
7 Manfredo y Zenobia pasan por la casa de Raúl.

Los aparatos: *el televisor, el radio portátil, la aspiradora, la cabina telefónica, la camioneta, el cajón   *el ladrón, vaciar la tienda, llevar un televisor, llamar a la policía, robar*

5
El escaparate vacío

LA PRENSA

OLA DE ROBOS POR TODA LA CIUDAD

El Comisionado de policía ha informado que el número de robos ha aumentado más de ciento por ciento
5 en los últimos ocho meses. Las víctimas principales han sido los pequeños comerciantes. Las pérdidas se estiman en dos millones de dólares. De acuerdo con los informes recibidos, muchos de estos robos han sido perpetrados de noche por una pareja de ladrones en
10 una camioneta de último modelo . . .

la ola *wave*
el robo *theft*

aumentar *to increase*

de acuerdo con = según
    according to
la pareja *pair*
el ladrón *thief*

Ignacio Pérez no pudo terminar de leer el artículo en el periódico acerca de la ola de robos, porque el tren ya había llegado a su estación y tenía que bajarse, pero las palabras se quedaron en su mente. Ya era de
15 noche cuando salió de la estación. Mientras caminaba por las calles solitarias y desiertas, no pudo menos que pensar en los peligros que le esperaban en las sombras de la noche. — ¿Cómo no va a haber más crimenes ahora? No se ve ni un policía en ninguna parte. Ya
20 son casi las once y da miedo caminar por estas calles. Si todos los ciudadanos cooperan con la policía, estoy seguro de que habrá menos problemas. Es tan fácil distinguir a un ladrón o a un asesino; todos tienen las facciones características de los criminales. El
25 problema es que la mayoría de la gente es apática y vuelve la espalda ante problemas de este tipo.

terminar de = acabar de

no pudo menos que *he
    couldn't help but*
el peligro *danger*
la sombra *shadow*

la facción *feature*

Cuando dobla la esquina, Ignacio pasa por delante de una tienda de aparatos eléctricos, donde por lo general se detiene a mirar las maravillas electrónicas de
30 nuestro siglo: televisores y radios portátiles, afeitadoras eléctricas, aspiradoras etc. Esta noche no

doblar la esquina *to turn
    the corner*
por delante de *in front of*
por lo general = generalmente *usually*
el siglo = cien años *century*
la afeitadora *shaver*

29

piensa detenerse, pero al echar una mirada, nota que el escaparate está casi vacío "Qué extraño, me pregunto si todo está en orden." Se acerca a la puerta y mira dentro de la tienda. Al fondo ve a dos hombres
5 cargando unas cajas a la luz de una débil bombilla. Mira a su alrededor y nota una camioneta estacionada frente a la tienda. "Aquí hay gato encerrado" dice para sí a la vez que se esconde detrás de una cabina telefónica. De repente, sale un hombre viejo y mal
10 vestido llevando un cajón que deposita en la camioneta. Al ver la cara del hombre, Ignacio dice para sí: "Si ésa no es la cara de un ladrón, yo no soy Ignacio Pérez. Esos ojos depravados, ese cigarrillo colgando del labio, y esa cicatriz en la mejilla. Son
15 signos seguros. Tengo que cumplir con mi deber de buen ciudadano y llamar a la policía cuanto antes."

Entra en la cabina, descuelga el receptor y marca el número de la policía. Cinco minutos más tarde se oye la sirena lejana de un coche patrullero.
20 Ignacio ve que la policía no va a llegar a tiempo. Los dos hombres han vaciado la tienda por completo y están a punto de marcharse.

Sin perder un minuto, Ignacio se lanza contra el viejo antes de que pueda cerrar la puerta del coche.
25 Lo agarra por el cuello y le da varias bofetadas. En ese instante llega el coche patrullero. Muy orgulloso, les grita Ignacio a los agentes: "Aquí los tienen. Trataron de escaparse, pero desafortunadamente para ellos, todavía hay ciudadanos que no le tienen miedo
30 a estos criminales."

— ¿Cómo que escaparse? gritó el viejo frotándose la frente. — Mi hijo y yo estábamos mudando nuestro negocio y éste era el último viaje, cuando este animal nos atacó. Arréstenlo.
35 Los dos agentes le ponen las esposas al pobre Ignacio diciendo: "¿Cuándo van a aprender que el crimen no paga?"

---

echar una mirada   *to glance at*
el escaparate   *store window*
me pregunto   *I wonder*
acercarse a   *to approach*
al fondo   *in the back*
débil   *weak*
la bombilla   *light bulb*
a su alrededor   *around him*
aquí hay gato encerrado   *there is something funny going on here*
a la vez que   *at the same time that*
colgar   *to hang, to dangle*
la mejilla   *cheek*
cumplir con mi deber   *to do my duty*
cuanto antes = lo más pronto posible   *immediately*

descolgar el receptor   *to take the phone off the hook*

a tiempo   *on time*
por completo = completamente   *completely*
estar a punto de   *to be about to*

el cuello   *neck*
la bofetada = golpe en la cara
orgulloso   *proud*

¿cómo que . . .?   *what do you mean . . .?*
frotar   *to rub*
mudar   *to change, to move*
las esposas   *handcuffs*

Ejercicios

A   **Preguntas**

Conteste según la lectura.

1   Según la policía, ¿cuándo se cometen muchos robos?
2   ¿A qué hora sale Ignacio de la estación?
3   ¿Qué artículos había generalmente en el escaparate de la tienda de aparatos eléctricos?
4   ¿Por qué cree Ignacio que el hombre tiene cara de criminal?
5   ¿Qué hacen con Ignacio los dos agentes de policía?

B   *Conteste según su reacción personal.*

1   ¿Cuáles son algunas causas del crimen?
2   ¿Por qué es útil un radio portátil?
3   ¿Qué haría Vd. al ver un robo?
4   ¿Qué se debe hacer con los criminales?
5   ¿Qué se necesita para eliminar el crimen? ¿Es posible eliminarlo?

C   *Combine cada aparato con la descripción de su uso.*
(Match each appliance with the description of its use.)

APARATO

1   el televisor
2   la radio
3   la aspiradora
4   la afeitadora eléctrica
5   el refrigerador

USO

a)   quita la barba
b)   mantiene fresca la comida
c)   da música y noticias
d)   da programas y películas viejas
e)   limpia la alfombra
f)   calienta la comida

D   Palabras análogas

Escoja la palabra en inglés relacionada a cada palabra en español.
(Choose the Spanish word which is related to the English word.)

1	la mayoría	a)	*miracle*
2	pensar	b)	*terminate*
3	la mirada	c)	*periodical*
4	terminar	d)	*solitary*
5	el periódico	e)	*pensive*
6	solitario	f)	*majority*
		g)	*mirage*
		h)	*termite*

E   Modismos

Sustituya cada expresión indicada con un sinónimo.
(Substitute a synonym for each indicated expression.)

1	*De acuerdo con* los informes recibidos . . .	a)	lo más pronto posible
2	*De repente* sale un hombre viejo.	b)	para
3	Llama a la policía *cuanto antes.*	c)	golpea
4	Están *a punto de* marcharse.	d)	según
5	Le *da varias bofetadas.*	e)	de pronto
6	*Por lo general* se detiene a mirar las maravillas.	f)	generalmente
		g)	da miedo

F   Diálogo incompleto

Complete el diálogo siguiente.

Policía — ¿Qué pasó aquí?
Usted . . .
Policía — ¿Dónde estaba Vd.?
Usted . . .
Policía — ¿Cuántos ladrones eran?
Usted . . .
Policía — Descríbalos, por favor.
Usted . . .
Policía — Muchas gracias por su cooperación. Es Vd. un buen ciudadano.
Usted . . .

G   *Escoja la mejor descripción de cada dibujo.*

1   Ignacio llama por teléfono.
2   El hombre lleva un cajón.
3   Ignacio lee el periódico.
4   Ignacio se detiene frente a la tienda.
5   Se lanza contra el ladrón.
6   El policía le pone las esposas.

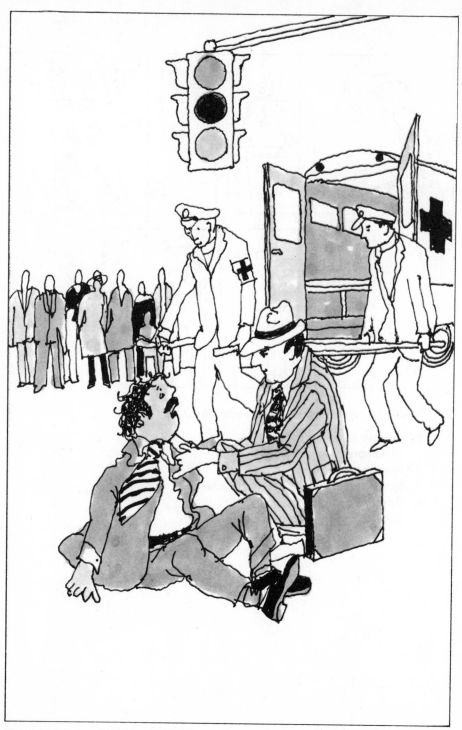

El accidente: *el herido, la muchedumbre, el peatón, la ambulancia, el enfermero, la camilla   *cruzar contra la luz, arrollar, sufrir lesiones (un choque),
averiguar cómo está, no me ha pasado nada

6
Pronto, llame una ambulancia

—¡Cuidado con ese camión! ¡Lo va a arrollar! ¡Cuidadooo! —

Casi simultáneamente se oyó el ruido de unos frenos, y se vió la figura de un hombre que parecía caer
5 bajo las ruedas de un camión. Cuando Facundo Fonseca había salido por entre los dos autos estacionados, no pudo ver el vehículo que se acercaba a tanta velocidad.

Como ocurre cada vez que hay un accidente, en
10 seguida se formó una muchedumbre.

— ¿Qué sucedió?

— Ese hombre estaba cruzando la calle contra la luz y fue arrollado.

— ¿Estará herido?

15 Facundo, que en realidad no había sufrido lesiones, empezó a incorporarse cuando sintió una mano sobre el hombro y oyó una voz al oído.

— No se mueva usted. Lo he visto todo. Aquí tiene mi tarjeta:

OSVALDO PICAPLEITOS

Abogado y Notario

Bufete:
Calle Almendros #555   Tel. 678–9384

— Pero no me ha pasado nada. No necesito abo-
25 gado, déjeme en paz — protesta Facundo.

— Estése quieto — responde Picapleitos en voz

---

cuidado *be careful*
arrollar *to run over*

los frenos *brakes*
la rueda *wheel*

en seguida *immediately*
la muchedumbre *crowd*
¿qué sucedió? *what happened?*

la lesión = la herida *injury*
incorporarse *to sit up*
el hombro *shoulder*

el bufete *office*

déjeme en paz *leave me alone*

35

baja. — No diga ni una palabra, déjeme hablar a mí. Pondremos una demanda contra la compañía de seguros y los dos nos haremos ricos. — Volviéndose a la muchedumbre empieza a dar gritos. — Pronto, lla-
5 men una ambulancia. Este hombre está muy grave. Hay que llevarlo a la sala de emergencia.

en voz baja *in a low voice*
poner una demanda *to sue*
la compañía de seguros *insurance company*
hacerse rico *to become rich*
hay que = es necesario

Mientras esperan la llegada de la ambulancia, se acerca a Facundo el chofer del camión para averiguar cómo está.

averiguar *to inquire, to find out*

10 — Pero, ¿no sabe usted que se debe cruzar la calle en la esquina y no en el medio de la cuadra? Por poco le paso por arriba. — se queja el chofer.

quejarse *to complain*

— Basta con eso. Usted no tiene ningún derecho a hablar con la víctima. ¿No ve que mi cliente está
15 sufriendo terriblemente? No le moleste más.

basta con eso *that's enough of that*

— Pero salió por entre . . . . .
— Ustedes los camioneros creen que son dueños de las vías públicas. Nunca se fijan en los pobres peatones. Ya nos veremos en la corte, ante el juez y el
20 jurado. — La llegada de la ambulancia interrumpe este discurso. Un enfermero con su ayudante salen llevando una camilla.

el peatón *pedestrian*
el jurado *jury*

la camilla *stretcher*

— Apresúrense — manda Picapleitos — no hay tiempo que perder. Entablillen esa pierna y pónganle
25 una venda por si acaso. Ha sufrido un choque y necesita una inyección para calmarle los nervios.

entablillar *to put in splints*
la venda *bandage*
por si acaso *just in case*

Mientras la ambulancia cruza la ciudad hacia el hospital, el enfermero charla con su ayudante.

— Esto no me parece una emergencia, a pesar de
30 lo que dice ese abogadillo. No creo que tenga nada grave. Pero por la mañana sí hubo un accidente de verdad; un triple choque en la supercarretera en las afueras de la ciudad. A uno de los pasajeros los cirujanos tuvieron que amputarle una pierna.

a pesar de *in spite of*
abogadillo = abogado poco importante
la carretera *highway*
las afueras *outskirts*

35 Facundo, que se despertaba de los efectos del tranquilizante, no oyó más que las últimas tres palabras. De un salto bajó de la camilla, abrió las puertas de la ambulancia y salió disparado gritando:

de un salto *jumping*

— ¡Amputar la pierna! ¡Ni por un millón de
40 dólares!

Ejercicios

A   Preguntas

Conteste según la lectura.

1   ¿Por qué no pudo ver Facundo el vehículo?
2   ¿Qué se formó después del accidente?
3   ¿Resultó gravemente herido Facundo?
4   ¿Qué sacan de la ambulancia?
5   ¿Qué creía Facundo que iban a hacer los médicos?

B   *Conteste según su reacción personal.*

1   ¿Por dónde se debe cruzar la calle?
2   ¿Quién decide el caso en la corte?
3   ¿Qué se pone en una herida?
4   ¿Para qué sirve una ambulancia?
5   ¿Qué necesita una persona nerviosa?

C   Vocabulario

Escoja la palabra que no pertenece al grupo.
(Choose the word which does not belong to the group.)

1   el freno / la rueda / el camión / la mano / el vehículo
2   la demanda / el abogado / el juez / la corte / el peatón
3   la calle / la velocidad / la esquina / la cuadra / la señal de tráfico
4   la ambulancia / la sala de emergencia / el hospital / la herida / la tarjeta
5   la camilla / la venda / la inyección / la carretera / el tranquilizante

D   Modismos

Escoja la traducción de cada expresión indicada.
(Choose the translation for each indicated expression.)

1 *Watch out for* ese camión.
2 *At once* se formó una muchedumbre.
3 *Leave me alone* protesta.
4 Empieza a *to shout.*
5 *It almost* le pasó por arriba.
6 Póngale una venda *just in case.*

a) déjeme en paz
b) a pesar de
c) dar gritos
d) por si acaso
e) por poco
f) cuidado con
g) en seguida

E   *Haga un resumen de lo que pasó usando los siguientes grupos de palabras.*
(Make a résumé of what happened using the following word groups.)

1 Camión / atropellar / peatón
2 Abogado / ver / accidente / dar / tarjeta
3 Callarse / ganar / fortuna
4 Llamar / ambulancia / llevar / hospital
5 Oír / médicos / salir / ambulancia

F   Sinónimos

Escoja el sinónimo de cada palabra indicada.

1 Después del accidente se formó una *muchedumbre.*
2 Siempre *ocurre* lo mismo.
3 El enfermero quiere llegar *pronto.*
4 Los dos siempre *hablan* en voz baja.
5 *La carretera* va a las afueras de la ciudad.

a) charlan
b) en seguida
c) el camino
d) multitud
e) sucede

G   Antónimos

Escoja el antónimo de cada palabra indicada.

1 El vehículo se acerca a *mucha* velocidad.
2 Osvaldo siempre *se duerme* temprano.
3 El enfermero *se acerca al* herido.
4 Ellos se creen dueños de las vías *públicas.*
5 *Baja de* la camilla de un salto.

a) se aleja del
b) poca
c) se despierta
d) sube a
e) privadas

H   Diálogo incompleto

Usted es uno de los testigos de un accidente. Complete el diálogo siguiente.

Abogado — ¿Cómo sucedió el accidente?
Testigo . . .
Abogado — ¿Por dónde venía el camión?
Testigo . . .
Abogado — ¿Dónde estaba Vd.?
Testigo . . .
Abogado — Después de llamar al hospital, ¿qué hizo?
Testigo . . .
Abogado — Gracias por su ayuda.
Testigo . . .

La barbería: *el barbero, el sillón, el pelo, los rizos, el peine, las tijeras, el champú, el tónico *necesitar un corte de pelo, aplicar un champú (tónico), peinar, cepillar*

7
Ni muy corto, ni muy largo
y no me toque las patillas

las patillas   *sideburns*

Ya son las once de la mañana y Simplicio Menteseca
se da cuenta de que tiene que apresurarse. Una oportunidad como ésta no se presenta todos los días — un
puesto de guardia en la tienda más exclusiva de la
5 ciudad. La posición ofrece buen sueldo, buenas condiciones de trabajo y un futuro lleno de oportuni-
dades. Pero antes de presentarse a la entrevista con
el señor Domínguez, jefe de personal, tiene que ir a
la barbería. Nadie va a emplear como policía privado
10 a un hombre descuidado en su apariencia. ¡Y hace
dos meses que Simplicio no se corta el pelo! Entra en
la barbería, se sienta en un sillón y examina la lista
de precios.

se da cuenta   *realizes*

el sueldo   *pay, salary*

la entrevista   *interview*

descuidado   *careless*

BARBERÍA *La Sin Rival*

15 Corte de pelo	$2.25
Corte de pelo a navaja	$3.50
Corte de pelo especial	$4.00
Afeitado	$1.50
Masaje	$1.50
20 Champú	$1.50
Manicura	$2.00
Tinte de pelo	$1.75
Lámpara de sol	$1.00
Servicio de limpiabotas	$0.50
25 Tónico o brillantina	$0.75
Tratamiento contra la caspa	$1.25

la navaja   *razor(blade)*

el afeitado   *shave*

limpiabotas   *shoeshine*

la caspa   *dandruff*

— Tengo una entrevista a las doce para un trabajo.
Necesito un buen corte de pelo. Ni muy corto, ni
muy largo y sobre todo no me toque las patillas. —

— Cómo no, joven. Espere un poquito. En
5 cuanto termine de afeitar a este cliente, le toca a Vd.
Como ve, estoy solo. Mi socio está almorzando y
vuelve al momento. —

cómo no = claro, por su-
puesto
en cuanto *as soon (as)*
tocarle (a uno) *to be
(one's) turn*
al momento = inmediata-
mente

El clic clic de las tijeras, el zumbido de la maquinilla
eléctrica y la comodidad del sillón hacen que Sim-
10 plicio se quede dormido profundamente. En esto
entra el segundo barbero, ve al muchacho en el sillón
y dice:

el zumbido *buzzing*

en esto = en ese momento

— Oye Pepe, almuerza tú ahora. Yo me encargo
de este "bello durmiente". —

yo me encargo de *I'll
take care of*
"bello durmiente" *sleep-
ing beauty (masc.)*

15 Pepe se va a almorzar y queda el segundo barbero
contemplando a Simplicio. Dice para sí: — Dios
mío. Pepe no me dijo qué clase de corte quiere este
tipo. Me da pena despertarlo. Pero no importa. Todos los muchachos de pelo largo siempre piden nues-
20 tro corte especial. ¡Manos a la obra! —

me da pena = lo siento
I'm sorry
no importa *it doesn't
matter*
manos a la obra *let's get
started*
cepillar *to brush*

Sin tardar más, el barbero comienza a peinar y a
cepillar los largos cabellos. Corta muy poco, casi
nada, y le aplica laca perfumada a la cabeza. Después
de media hora, despierta a Simplicio y le dice con un
25 tono triunfante: — Ya está, joven. Tiene que admitir
que es una obra maestra. —

ya está *ready*

Simplicio se mira en el espejo. — ¡Oh, no! Parece
que he salido de un salón de belleza con una onda
permanente. Nunca conseguiré un puesto de policía
30 con este peinado. Pero, ¿qué hora es? (*Mira su
reloj.*) ¡Son las doce menos diez! Tengo que darme
prisa. —

la onda permanente *per-
manent wave*
el peinado *hairdo*
darse prisa = apresurarse
to hurry

Simplicio paga al barbero y se va. Llega a la oficina
de personal. Llama a la puerta del señor Domínguez
35 y entra.

— Buenas tardes. Vengo por el empleo de . . . . —

— Sí, sí. Ya sé. Déjeme ver. (*Lo mira de hito en
hito.*) Perfecto. Con esta apariencia, Vd. va a ser
el modelo ideal para nuestra última línea de ropa de
40 moda. ¡El puesto es suyo!

de hito en hito *closely,
from head to toe*

Ejercicios

A **Preguntas**

Conteste según la lectura.

1 ¿Qué puesto busca Simplicio?
2 ¿Cuánto tiempo hace que no se corta el pelo?
3 ¿Cuántos barberos trabajan en la barbería?
4 ¿Qué hace Simplicio poco después de sentarse en el sillón?
5 ¿Qué puesto consigue Simplicio?

B *Conteste según su reacción personal.*

1 ¿Es bueno ir a una barbería los sábados? ¿por qué no?
2 ¿Qué hace el barbero cuando le da un champú?
3 ¿Usa Vd. tónico o alguna otra cosa cuando se peina?
4 ¿Qué hace un modelo?
5 ¿Cuántas veces por mes se corta el pelo?

C *Escoja el sinónimo.*

1 el porvenir
2 contemplar
3 apresurarse
4 llamar a la puerta
5 el puesto

a) mirar
b) tocar
c) el trabajo
d) el futuro
e) darse prisa
f) el zumbido

D *Escoja el antónimo.*

1 lleno
2 solo
3 nunca
4 último
5 largo

a) siempre
b) primero
c) corto
d) bajo
e) vacío
f) acompañado

E   ¿Cierto o falso?

Lea las oraciones siguientes y diga si cada una es cierta o falsa.

1 Simplicio va a la barbería porque tiene el pelo corto.
2 En la barbería "La Sin Rival", el masaje y el champú cuestan igual.
3 El barbero atiende a Simplicio en seguida.
4 Simplicio recibe un tratamiento especial para el pelo largo.
5 El señor Domínguez ofrece a Simplicio el puesto de policía.

F   *Corrija los errores en cada oración.*
(Correct the mistakes in each sentence.)

1 Simplicio tiene mucho tiempo para hacer todo.
2 El señor Domínguez es el dueño de la barbería.
3 La entrevista es por la noche.
4 Simplicio admira el corte de pelo porque le gusta.
5 El señor Domínguez emplea a Simplicio como guardia.

G   Diálogo incompleto

Usted está en una barbería y el barbero le habla. Complete el diálogo siguiente.

Barbero — Buenas, joven. ¿Qué desea?
Cliente . . .
Barbero — Bueno, con su pelo tan largo, yo le recomiendo un corte a navaja.
Cliente . . .
Barbero — No se preocupe, no es tan caro.
Cliente . . .
Barbero — Sí, el champú está incluído en el precio.
Cliente . . .
Barbero — Descanse y quedará satisfecho. ¿Quiere que le limpien los zapatos?
Cliente . . .

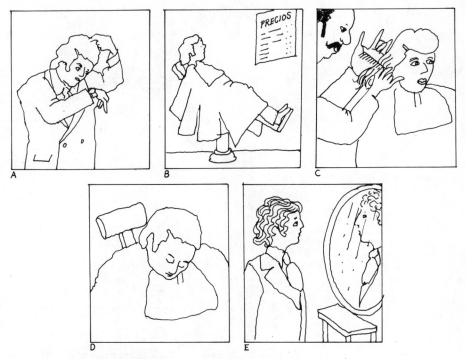

H   *Escoja la mejor descripción de cada dibujo.*

1   El barbero peina los cabellos.
2   Simplicio toca a la puerta.
3   Examina la lista de precios.
4   Se queda dormido.
5   Se da cuenta de que tiene que apresurarse.
6   Se mira en el espejo asombrado.

El fuego: *el policía, el bombero, el doctor, el herido, el edificio, el piso, la ventana, la parte baja (alta), el cine, la película, el reloj, la pared, el teléfono,*

la esquina, el semáforo, el avión   *estallar (fuego), tener lugar, aparecer en la escena, asomarse, encontrarse, hablar por teléfono

Repaso y Recreo

A   *Describa lo que pasa en el dibujo.*

B   *¿Es Vd. un buen testigo? Estudie el dibujo y, sin volver a mirarlo, ¿puede contestar a las preguntas siguientes?*
(Are you a good witness? Study the picture and, without going back to it, can you answer the following questions?

    1 ¿En qué piso estalló (*broke out*) el fuego?
    2 ¿Qué hacía el policía?
    3 ¿Cuántos bomberos había?
    4 ¿A qué hora del día tuvo lugar el fuego?
    5 ¿Qué hacían con el herido?
    6 ¿Quién se asomaba (*looked out of*) a la ventana?
    7 ¿Qué película se daba en el cine?
    8 ¿Qué se había parado en la esquina?
    9 ¿Cuántos semáforos había?
  10 ¿Qué animales aparecían en la escena?
  11 ¿Dónde había una persona hablando por teléfono?
  12 ¿Qué pasaba por el aire?

C Crucigrama (Solución al final del libro)

Horizontales

1 Parte del cuerpo que recibe lo que comemos
4 Comer por la noche
8 A donde llegan y de donde salen aviones
9 Cada automóvil tiene cuatro; cada bicicleta tiene dos
10 Oficina de un abogado o comida para muchas personas
11 Artículo femenino (*gram.*)
12 Yo soy, tú eres, él . . . . .
13 El hermano de mi padre es mi . . . .
15 Antónimo de venir
17 Para salir con una chica hay que hacer una . . . .
19 Pasado de doy
20 Vamos a la playa . . . no llueve
21 Antónimo de allí

22 Una herida
23 ¿Ha estado Vd. en España? No, ... he salido de mi país.
24 Contrario de sí.
25 Yo pido, tú pides, él . . . .
28 Vea el 24
29 Lugar donde una persona vive
30 Sinónimo de esposo
33 Expresión de dolor
34 Contracción
35 Vea el 28

Verticales

1   X
2   Instrumento para cortar
3   Lo que nos duele cuando no podemos hablar
5   Cuando una persona hace preguntas personales a otra
6   Nos cubrimos el cuerpo con . . . . .
7   En un cementerio hay muchas . . . . . . (*sing.*)
8   Antónimo de hoy
11 Tiene el billete? Sí, ... tengo.
12 El ángulo de la calle
14 Si Pedro ataca a José. José es la . . . .
16 Trozo de pelo
17 Para ver películas vamos al . . . . . .
18 Muchos hombres usan esto en el pelo
19 Vea el 19 horizontal
20 Contrario de con
26 . . . . . das, da
27 Igual al 20
31 Contracción
32 nota musical

La escuela secundaria: *el director, el delantal, la estufa, el horario de clases,*
** la economía doméstica, ponerse un delantal, preparar una comida, una broma
de mal gusto*

8
Pero yo no tengo tanta hambre

Ya los alumnos de la clase de la Señorita Sacapuntas
están impacientes. Es el primer día del nuevo año
escolar y están ansiosos de recibir sus programas.

  — Bueno, alumnos. Ahora voy a distribuir sus
5 horarios de clases. Como Vds. saben, acaban de instalar una nueva computadora en la oficina central.
Eso quiere decir que la posibilidad de un error es de
una en un millón, porque todo está hecho electrónicamente. De todos modos, revisen sus tarjetas por si
10 acaso. —

ansioso *anxious*

el horario de clases
  schedule
eso quiere decir = eso significa *that means*
de todos modos = de todas
  maneras *anyhow*
la tarjeta *card*
por si acaso *just in case*

ESCUELA SECUNDARIA BOLIVAR

NOMBRE Pantuflas, Pablo CLASE OFICIAL 301A

MAESTRA Srta. Sacapuntas

HORARIO DE CLASES

HORA	ASIGNATURA	AULA
1	Almuerzo	Cafetería
2	Matemáticas (Geometría)	426
3	Estudios sociales (Historia mundial)	513
4	Lenguas extranjeras (Italiano)	221
5	Ciencia (Química)	327
6	Música	519
7	Inglés	412
8	Educación física	Gimnasio

la asignatura *subject*

la química *chemistry*

Pablo Pantuflas, visiblemente perturbado, levanta la mano y dice:

— Señorita, me parece que la computadora no computó bien las computaciones. Creo que saqué el
5 error del millón. —

— En ese caso, vaya a ver a su consejero inmediatamente. —

el consejero   *counselor*

Sin perder tiempo, Pablo va directamente a la oficina de su consejero, el señor Papeleo, y le muestra su
10 horario.

— Yo no veo nada aquí. ¿Cuál es el problema? —

— ¿No ve Vd. que tengo el almuerzo a las siete y media de la mañana? Yo no tengo mucha hambre a esa hora. —

15 — No es para tanto. Si toma un desayuno ligero, va a tener mucho apetito. —

no es para tanto   *it isn't that bad*

— No señor. Voy a traer a mi mamá, si es necesario, para hacer el cambio. —

— Bueno, deje la tarjeta aquí. Pasado mañana, la
20 señorita Sacapuntas le entregará una corregida. —

pasado mañana = el día después de mañana

Dos días más tarde Pablo recibe su nuevo programa. Al examinarlo, no puede creer lo que ve. Sale disparado de nuevo hacia la oficina del señor Papeleo.

salir disparado   *to rush out*

— Pantuflas, ¿Vd. otra vez? —

25 — No es mi intención molestarle, pero mire Vd. este programa. No hizo el cambio y añadió dos horas más de almuerzo. —

— No es para tanto. Es la primera vez que utilizamos una computadora, y al final del día tendrá bas-
30 tante apetito. —

— No señor. Voy a traer a mi mamá, si es necesario, para hacer el cambio. —

— Bueno, deje su tarjeta y ya la arreglaremos. Pero este tiene que ser el último cambio porque no
35 podemos utilizar más la computadora este semestre. —

Tres días más tarde, el señor Tocatimbres, director de la escuela, decide visitar varias clases. Entra en la clase de economía doméstica donde las niñas preparan sus platos favoritos.

40 — Siempre es un gran gusto ver como las señoritas de nuestra escuela se preparan para ser las amas de casa de mañana. — Las jóvenes de esta clase . . .

Pero, Pantuflas, ¿Qué hace Vd. con ese delantal
puesto? —

— Yo . . . el consejero . . . la computadora . . . mi
horario . . . el almuerzo . . . —

5   — Esto es increíble. Hacer trampas para estar
con las chicas. Estoy cansado de sus bromas de mal
gusto. Mañana, traiga a su mamá para cambiar el
programa. —

el delantal   *apron*

hacer trampas   *to play tricks*

Ejercicios

A   Preguntas

Conteste según la lectura.

1   El primer día del semestre la maestra   a) revisa las tarjetas con las notas
b) corrige los errores de los exámenes   c) llama al consejero   d) distri-
buye los programas.

2   El problema del programa de Pablo es que   a) no tiene una hora del almuerzo   b) no quiere su clase de matemáticas   c) tiene que comer demasiado temprano   d) no tiene apetito para comer en la cafetería.

3   ¿Qué cambio hizo el señor Papeleo?   a) Le dió más tiempo para almorzar.
b) Le dió una clase de español por el italiano.   c) No hizo nada.   d) Le
quitó la clase de lenguas extranjeras.

4   Por fin, ponen a Pablo en una clase donde   a) no hay más que muchachas
b) saben utilizar una computadora   c) las niñas lavan platos   d) se estudia
la economía del país.

5   El director de la escuela estaba   a) enojado   b) contento de ver a Pablo
c) bromeando   d) ansioso

B   Conteste según su reacción personal.

1   ¿Cuáles asignaturas tiene Vd. en su programa de clases?
2   ¿Por qué usan computadoras los grandes negocios?
3   ¿A qué hora tiene Vd. mucha hambre?
4   ¿En qué consiste un desayuno ligero?
5   ¿Por qué deben aprender a cocinar los muchachos?

C   Frases locas

Ponga los siguientes grupos de palabras en orden.

1   el / día / es / nuevo / primer / del / escolar / año
2   almuerzo / siete / media / tengo / las / el / y / a
3   disparado / la / de / hacia / nuevo / sale / oficina
4   utilizamos / la / una / es / vez / que / primera / computadora
5   sus / de / estoy / de / gusto / cansado / bromas / mal

D   Modismos

Escoja la mejor expresión española para cada expresión indicada.

1   *They have just* instalar una computadora.
2   Eso *means* que la posibilidad . . .
3   *Anyway* revisen sus tarjetas
4   *I'm not very hungry.*
5   Vd. *again*
6   *Playing tricks* para estar con las chicas.

a)   de todos modos
b)   no tengo mucha hambre
c)   otra vez
d)   hacer trampas
e)   pasado mañana
f)   acaban de
g)   quiere decir

E   *Escoja la expresión que mejor complete cada oración.*

1   Están ansiosos . . .
2   Creo . . .
3   No tengo . . .
4   Voy a traer . . .
5   Estoy cansado . . .

a)   hambre a esa hora
b)   de sus bromas
c)   que saqué el error
d)   a mi mamá para hacer el cambio
e)   de recibir sus programas

F   Diálogo incompleto

Usted está hablando con un(a) amigo(a) suyo(a) acerca de su horario de clases. Complete el diálogo siguiente.

Amigo — ¿Qué tal está tu programa este semestre?
Usted . . .
Amigo — Yo no tengo problemas. Todas mis clases están bien.
Usted . . .
Amigo — Tienes mucha suerte. El señor Mendoza es muy buen maestro de español. ¿A qué hora almuerzas?
Usted . . .
Amigo — Magnífico. Almorzamos a la misma hora. Te veo en la cafetería.
Usted . . .

El campo: *el sol, la lluvia, la nube, el árbol, la hierba, la flor, la mariposa, la abeja, la colmena, la cesta, el mantel, la bebida, los fiambres *la jira campestre, el aire fresco, un apetito voraz, sacar los fiambres*

9
No hay nada como el aire fresco

PRONÓSTICO DEL TIEMPO PARA HOY

Despejado y soleado durante la mañana. Parte nublado con posibilidad de lluvia por la tarde. Temperatura entre 75° y 80° F.

el pronóstico *forecast*

despejado = sin nubes *clear (sky)*
nublado = lleno de nubes

La primavera es la estación cuando todo el mundo siente en su sangre el deseo de escaparse de la confusión de la ciudad para disfrutar las bellezas naturales. Bueno, casi todo el mundo. Nuestro héroe Humberto prefiere el aire acondicionado del cine a los rigores de la naturaleza. Pero, por complacer a su novia Estrella, que es una fanática del aire fresco, se encuentra en estos momentos conduciendo su automóvil al campo, contra su voluntad. En el asiento trasero lleva a Alfonso y a Napoleón, el hermano menor y el perro grande, gordo y peludo de Estrella, respectivamente.

— Mira, Humberto, ¡qué paisaje tan bello! Ya las hojas están verdes y hay flores por todos lados. A veces no hay nada para la salud como estar al aire libre. El sol y el aire fresco te harán bien. No vas a arrepentirte de haber venido al campo. Pero date prisa. Me gustaría recoger algunas flores en vez de pasarme todo el día viajando. —

— ¿Por qué no nos paramos? Ya tengo hambre y estoy cansado de tanto viajar, — se queja Alfonso.

— Muy bien. Nos quedamos aquí. La idea de esta jira campestre no fue mía y no quiero oír ni una queja más. —

Mientras que Estrella está recogiendo flores silvestres y Alfonso, seguido de Napoleón, caza mariposas,

disfrutar = gozar *to enjoy*

el asiento trasero *back seat*
peludo = lleno (cubierto) de pelo
paisaje *scenery, landscape*
por todos lados *all over*
a veces *sometimes*
te harán bien *will do you good*
arrepentirse *to regret*
date prisa = apresúrate *hurry up*
en vez de *instead of*
pararse *to stop, to halt*
quejarse *to complain*
la jira campestre *picnic*

(la flor) silvestre *wild (flower)*
cazar *to hunt (chase)*

Humberto saca los fiambres de la cesta y los pone en un mantel que ha tendido sobre la hierba.

—¡Ya está todo listo! — grita Humberto. — ¡A comer!

5 Todos se sientan alrededor del mantel con un apetito voraz. Están a punto de servirse cuando dice Estrella:

— Pero Humberto, ¿cómo vamos a comer? Se te olvidaron los tenedores y cuchillos plásticos. —

10 — Yo no fui el que empaquetó la cesta. Basta de quejas. Podemos usar los dedos para comer. —

Empiezan a comer por segunda vez cuando Estrella nota que un ejército de hormigas sale de debajo del mantel y avanza por todas partes contra la ensalada
15 de papas.

— ¿Qué has hecho, Humberto? Nos sentaste alrededor de un hormiguero. —

— En vez de quejarte tanto, ayúdame a mudar todo debajo de aquel árbol. —

20 Empiezan a comer por tercera vez cuando Estrella le grita a su hermano:

— Alfonso, deja de tirar piedras a ese nido. —

De repente, cae algo en medio del mantel.

— Esto no es un nido. ¡Es una colmena de abe-
25 jas! — exclama Humberto mientras va corriendo con ella hacia el lago.

Al regresar, cubierto de ronchas y de lodo, Humberto se sienta por fin a comer. Apenas ha comido dos bocados cuando oye truenos no muy lejanos, y
30 siente varias gotas de agua en la cabeza.

Una hora después, encontramos a nuestro héroe sentado detrás del volante de su auto en medio de miles de automóviles igualmente parados en dirección a la ciudad. Está mojado hasta los huesos, y no deja de
35 estornudar.

— ¡Cómo nos hemos divertido hoy! ¿Cuándo volvemos al campo, Humberto? — pregunta Alfonso.

— Me temo que tendrás que esperar un poco. Como ves, demasiado sol y aire fresco no son buenos
40 para la salud. ¡Aaaaaa-chú! —

---

los fiambres   *cold cuts*

alrededor de   *around*
voraz   *voracious*
estar a punto de   *to be about to*

empaquetar   *to pack*

el ejército   *army*
por todas partes = por todos lados

dejar de   *to stop*

la roncha   *welt*

el bocado   *mouthful*
truenos   *thunder*
la gota   *drop*

el volante   *steering wheel*

mojado hasta los huesos
   drenched
estornudar   *to sneeze*

me temo que   *I'm afraid that*

Ejercicios

A **Preguntas**

Complete según la lectura.

1 Estrella es la . . . de Humberto.
2 Antes de comer ponen un . . . sobre la hierba.
3 Según el pronóstico del tiempo, hay la posibilidad de . . .
4 Las abejas viven en una . . .
5 Llevan la comida al campo en una . . .

B *Conteste según su reacción personal.*

1 ¿Durante qué estación del año es la naturaleza más bella?   ¿Por qué?
2 En casa, ¿come Vd. con cuchillos y tenedores plásticos?
3 ¿Qué anuncian los truenos y las gotas de agua?
4 ¿Cuándo estornuda generalmente una persona?
5 ¿Cuáles son algunas cosas que se comen en una jira campestre?

C *Escoja el sinónimo de cada expresión indicada.*

1 Hay flores *por todos lados.*   a) cesa de
2 *En vez de* quejarte, ayúdame.   b) vamos a
3 *Empiezan a* comer.   c) hemos pasado un buen rato
4 No *deja de* estornudar.   d) por todas partes
5 ¡*Nos hemos divertido* hoy!   e) date prisa
6 ¡*A comer!* grita Humberto.   f) en lugar de
                                           g) comienzan a

D *Escoja el sinónimo de cada palabra indicada.*

1 *disfrutar* viajar / gozar / recoger / tirar
2 *mudar* mover / comer / volver / empezar
3 *cubierto* cambiado / cansado / divertido / lleno
4 *en dirección a* desde / por / hasta / hacia
5 *por fin* sin fin / finalmente / el fin / final

E *Escoja el antónimo de cada palabra indicada.*

1 *nublado*   soleado / cambiado / comido / cansado
2 *debajo*   al lado / soleado / sobre / atacado
3 *deja de*   empieza a / sigue / acaba de / se queja
4 *cercano*   mucho / poco / fresco / lejano

F **Vocabulario**

Escoja la palabra correcta para completar cada oración.

1	la primavera — el otoño	a)	. . . es la estación del año que viene antes del verano.
2	las hojas — las flores	b)	Durante el invierno . . . ya no crecen en los árboles.
3	la cesta — el mantel	c)	Para llevar las cosas al campo, hay que ponerlas en . . .
4	el tenedor — el cuchillo	d)	Usamos . . . para cortar la carne.
5	la mariposa — la abeja	e)	Si . . . le pica le va a salir una roncha.
6	espera — estornuda	f)	Es evidente que tiene un resfriado. Mire cómo . . .

G **Diálogo incompleto**

José y Anita planean una excursión al campo. Complete el diálogo siguiente.

José — Según el periódico, va a hacer buen tiempo esta semana.
Anita . . .
José — A mí también me gusta el aire fresco. Me encanta comer al aire libre.
Anita . . .
José — Sí, cómo no. Hay un lago donde se puede nadar.
Anita . . .
José — Podemos recoger flores o fresas silvestres cerca del lago.
Anita . . .
José — Bueno, Anita, paso a recogerte a las ocho y media. Hasta el sábado.

H   *Escoja la mejor descripición de cada dibujo.*

1   Una colmena se cayó del árbol.
2   Alfonso caza mariposas.
3   Las hormigas salen de todos lados.
4   Oyen truenos a lo lejos.
5   Estrella recoge flores.
6   Todos están en el auto, parados por el tráfico.

La sala de clase: *el pupitre, el escritorio, la pizarra, la tiza, el borrador, el asiento, la lata* *el regalo, sorprenderse, abrir el paquete, leer la etiqueta

10
Anacleto es un tonto

Como de costumbre, Anacleto es el último en llegar a la clase. Siempre es lo mismo, o se pierde o deja algo en la clase anterior y muchas veces tiene que volver a recogerlo. Sus compañeros de clase, que no
5 son exactamente genios, se burlan constantemente de él porque así se creen superiores. Hoy, al entrar en la clase, Anacleto se pone furioso al ver los poemas siguientes escritos en la pizarra:

como de costumbre *as usual*

ponerse furioso *to get angry*

La rosa es roja
la violeta azul
Anacleto es un tonto
y parece un baúl

Me gusta el azúcar
me gusta la sal
No me gusta Anacleto
porque huele mal

La rosa es roja   *Me gusta el azúcar*
La violeta azul   *Me gusta la sal*
Anacleto es un tonto   *No me gusta Anacleto*
y parece un baúl   *porque huele mal*   huele (*inf.* oler *to smell*)

5 — ¿Quién fue el desgraciado que escribió esto? —   el desgraciado *miserable*
Nadie responde, pero Jaimito empieza a reírse.   *wretch*
 — Seguro que fuiste tú, cuatrojos — le grita Ana- cuatrojos *foureyes*
cleto.
 — A que no repites eso, seso-hueco. ¿Quieres ver a que *I bet*
10 cómo te parto las narices? — y diciendo eso, Jaimito el seso-hueco *brainless*
se le acerca a Anacleto, listo para pelear. Anacleto,   *idiot*
que estaba borrando los poemas insultantes, deja caer te parto las narices *I'll*
el borrador en el momento en que entra la maestra.   *punch you in the nose*
 — Anacleto. Tú otra vez. Cada vez que pasa algo pelear *to fight*
15 en la clase, tú estás en el centro de todo.   borrar *to erase*
 — Pero la culpa no es mía. —   dejar caer *to drop*
Abelardo (*el sábelotodo de la clase*) — Señorita el borrador *eraser*
Matamoscas, Anacleto tiene razón. La culpa no es
de él.   la culpa no es mía *it isn't*
20 *Jaimito* (*en voz baja*) — Cállate, boca grande. Si   *my fault*
dices una palabra, me las pagarás.   el sábelotodo *know-it-all*
 — Basta ya — grita la maestra. — Anacleto, para tener razón *to be right*
mañana vas a escribir mil veces: No debo pelear en me las pagarás *I'll get*
clase. —   *even with you*

25 Cuando salen de la escuela, Jaimito, Abelardo y los
otros compañeros se acercan a Anacleto y se dis-
culpan por la mala pasada que le han jugado. Y para disculparse *to apologize*
demostrar su sinceridad, ofrecen comprar un regalito la mala pasada *prank,*
para la maestra a nombre de Anacleto.   *practical joke*
                 jugar una mala pasada *to*
                 play a trick or a prank
30 Al día siguiente, los compañeros le dan a Anacleto a nombre de *in behalf of*
un hermoso paquete de regalo para la maestra.   al día siguiente *on the*
Jaimito — Tú sabes Anacleto que siempre te hace-   *following day*
mos bromas pesadas, pero al fin y al cabo todos so- hacer bromas pesadas =
mos buenos amigos.   jugar malas pasadas
35 *Amalia* — Sí, y con este regalito, la Señorita Mata- al fin y al cabo *in the end*
moscas nunca se olvidará de ti.
Anacleto — Pero, ¿qué es?
Jaimito — Tú sabes como son las mujeres con los
cosméticos. Por eso, compramos un tipo especial de
40 aceite con muchos usos.   el aceite *oil*
Maritza (*la atractiva*) — Yo siempre uso aceite en
mi baño de burbujas. Y mira que hermosa soy.   la burbuja *bubble*

Anacleto pone el regalo en el escritorio de la maestra
y vuelve a su asiento. La señorita Matamoscas entra
en el aula y se sorprende porque todos están en sus
puestos sin pelear ni hacer ruido. Se sienta, y al ver
5 el regalo, exclama: — ¿Para mí? —

Todos — Sí, es de Anacleto. —

La señorita Matamoscas empieza a abrir el paquete. Todos, menos Anacleto, tratan de controlar la
risa. La maestra saca una lata grande de aceite crudo
10 para motor, y lee la etiqueta en voz alta:

— Aceite crudo, espeso. Recomendado especialmente para motores viejos. —

Entonces, muy contenta, exclama: — Anacleto,
¿cómo sabías que yo tenía una motocicleta antigua?

tratar de   *to try to*
la lata   *tin can*
la etiqueta   *label*
en voz alta = lo contrario
  de "en voz baja"
espeso   *heavy*

Ejercicios

A   Preguntas

Conteste según la lectura.

1   ¿Qué ve Anacleto escrito en la pizarra?
2   ¿Qué castigo le da a Anacleto la maestra?
3   ¿Qué ofrecen comprar los compañeros de la clase?
4   ¿Por qué está sorprendida la señorita Matamoscas?
5   ¿Qué tiene la maestra en casa?

B   *Conteste según su reacción personal.*

1   Termine este poema:

> La rosa es roja
> La violeta azul
> El azúcar es dulce
> .   .   .

2   ¿Cuál es un buen regalo para una maestra?
3   Cuando hay ruido en su clase, ¿quién tiene la culpa?
4   ¿Es estricto su profesor de español?
5   ¿Qué objetos extraños hay en su casa?

C   *Corrija los errores en las oraciones siguientes.*

1   Por lo general, Anacleto llega temprano a la clase.
2   Anacleto tiene que escribir mil veces: "Ya me las pagarás."
3   Los alumnos escogen a Jaimito para darle un regalo a la maestra.
4   Anacleto pone el regalo en su pupitre.
5   La maestra no acepta el regalo.

D   *Haga un resumen de lo que pasó usando los siguientes grupos de palabras.*

1   Entrar / clase / ver / poemas
2   Maestra / escribir / mil veces
3   Amigos / decir / una broma
4   Comprar / regalo / maestra
5   Gustar / motocicleta / casa

E　**Vocabulario**

Escoja la mejor definición de cada palabra indicada.

1　*el genio*　　a)　cosa que se da voluntariamente
2　*el regalo*　　b)　líquido que se emplea como lubricante
3　*el aceite*　　c)　acción de lavarse
4　*el baño*　　d)　pedazo de papel que describe el contenido de una botella
5　*la etiqueta*　　e)　persona que posee mucha inteligencia
　　　　f)　lo usan las mujeres en la cara

F　*Escoja la palabra en inglés relacionada a cada palabra en español.*

1　el regalo　　a)　*to regard*
2　responder　　b)　*ultimate*
3　malo　　c)　*malicious*
4　último　　d)　*irresponsible*
5　la culpa　　e)　*culpable*
　　　　f)　*to regale*
　　　　g)　*mallet*

G　**Diálogo incompleto**

Amalia y Maritza hablan acerca de comprar un regalo para la maestra. Complete el diálogo siguiente.

Amalia — ¿Cuánto dinero tienes ya?
Maritza . . .
Amalia — Pero para comprar el pañuelo de seda azul necesitamos diez dólares. ¿Qué vamos a hacer?
Maritza . . .
Amalia — Muy buena idea. Además, es más barato.
Maritza . . .
Amalia — Me parece que Abelardo debe de entregar el regalo. El es el alumno preferido.
Maritza . . .

La playa: *la arena, el mar, las olas, la orilla, el salvavidas, el traje de baño, la manta, las gafas oscuras, la loción para broncearse* *nadar, rescatar, ahogarse, tomar un baño de sol, nadar contra las olas, atlético

11
¡Socorro, sálveme alguien!

¡Socorro! *Help!*
salvar *to save*

— Si quieres saber mi opinión, comparados con Armando, todos los demás muchachos no son nada. —

— Maruja tiene razón. Como Armando no hay
5 otro. ¡Qué hombros, qué brazos tan musculosos, qué cuerpo tan atlético! Parece un actor de cine. —

— Sí, Lola, pero es mucho más. Tiene una mirada que mata. Sus ojos pueden penetrar hasta el alma. —

el alma *soul*

— De acuerdo, Irma. Es el hombre perfecto. No
10 hay nada que él no pueda hacer. Dicen que en la Universidad es el atleta número uno. Es el capitán de los equipos de fútbol y básquetbol y campeón de boxeo. —

el campeón *champion*

Armando Casas es el tema principal de la conversa-
15 ción entre Lola, Irma y Maruja, tres guapas chicas que andan en bikini por la playa todos los fines de semana durante el verano. Como no hay nada que hacer, toman baños de sol, juegan con la pelota de playa y de vez en cuando tratan de atraer la atención
20 del salvavidas, paseándose constantemente delante de él. ¡Cuánto no darían por una cita con Armando!

de vez en cuando = a veces *once in a while*
el salvavidas *lifeguard*

— ¡Miren allí, a la derecha! exclama Irma.

Hacia ellas se dirige Armando, acompañado de su amigo, un muchacho pecoso y flaco. Ambos se de-

pecoso *freckled*

25 tienen a unos cuantos pasos de las tres chicas. Casi hipnotizadas, ven a su hombre ideal quitarse la ropa, frotar su magnífico cuerpo con loción para bron-

frotar *to rub*

cearse, y tirarse sobre la manta que había abierto sobre la arena.
30 — Con esas gafas oscuras y con ese magnífico traje de baño parece una estrella de Hollywood, — dice Maruja.

— Sí, es un ensueño. No podemos dejar escapar esta oportunidad. Tenemos que hallar la manera de

el ensueño = el sueño *dream*

71

entablar conversación con él. —

— Ya lo tengo, — exclama Lola, — voy a meterme en el agua y nadar hasta lo más profundo. Entonces si agito los brazos y grito pidiendo auxilio,
5 estoy segura de que Armando saldrá disparado como una flecha y me rescatará. —

— Fantástica idea, — dicen Maruja e Irma.

Sin hacer esperar más, Lola pone el plan en efecto. Entra en el mar, nada contra las olas una distancia
10 considerable y empieza a chillar: — ¡Auxilio, socorro, me ahogo! ¡Sálveme alguien, por favor!

Al llegar estos gritos a la orilla, un joven se quita las gafas y se echa a correr hacia el agua.

Nada fuertemente, llega a donde está Lola, la
15 agarra y la deposita en la arena, sana y salva.

Al abrir los ojos, Lola ve la sonriente figura de Armando, y con una voz llena de emoción convincente suspira: — Oh, Armando, me has salvado la vida. No sé cómo agradecértelo. Dime ¿qué puedo hacer
20 por ti? —

— ¿Por mí? Pero yo no he hecho nada. Mi amigo Rogelio te salvó la vida. Yo, yo no sé nadar.

entablar conversación con
  = empezar a conversar
  con
meterse *to plunge*

la flecha *arrow*
rescatar *to rescue*

chillar = gritar
ahogarse *to drown*
la orilla *shore*
echar *to throw*

sana y salva *safe and
  sound*
la figura = la cara

suspirar *to sigh*
agradecer *to thank*

Ejercicios

A Preguntas

Conteste según la lectura.

1 ¿Qué deportes practica Armando en la Universidad?
2 ¿Cómo pasan el tiempo en la playa las tres muchachas?
3 ¿Cómo parece Armando con sus gafas oscuras?
4 ¿Cómo es el compañero de Armando?
5 ¿Quién salvó a Lola?

B *Conteste según su reacción personal.*

1 ¿Qué hace Vd. en la playa?
2 ¿Cuál es su deporte favorito?
3 ¿Prefiere nadar en el mar o en un lago? ¿por qué?
4 ¿Qué debe saber un salvavidas?
5 ¿Quién es el atleta número uno de su clase?

C Sinónimos

Escoja el sinónimo de cada palabra indicada.

1 *gritar*   hablar / nadar / escapar / chillar
2 *se echa a*   salva / termina de / empieza a / acaba de
3 *exclama*   dice / deja / ahoga / espera
4 *agitar*   poner / mover / entrar / agarrar
5 *se pasean*   andan / se ponen / se echan / se frotan

D Antónimos

Escoja el antónimo de cada palabra indicada.

1 *guapa*   atlética / fea / ajustada / bronceada
2 *meterse en*   contar con / sacar / salir de / empezar a
3 *quitarse*   ponerse / frotarse / echarse / nadar
4 *abrir*   ahogar / salir / cerrar / gritar
5 *agarrar*   nadar / chillar / agitar / soltar

E   *Ponga las oraciones siguientes en el orden en que ocurrieron.*

1   Lola tiene una idea para atraer a Armando.
2   Armando llega con su amigo.
3   Nada una gran distancia y pide auxilio.
4   Los dos muchachos se acuestan cerca de las jóvenes.
5   Rogelio la rescata.
6   Irma, Lola y Maruja hablan acerca de Armando.

F   **Diálogo incompleto**

Ramón y Carlos esperan el autobús para ir a la playa. Complete el diálogo siguiente.

Ramón — ¡Qué día tan magnífico! Vamos a poder nadar y tomar baños de sol.
Carlos . . .
Ramón — No te preocupes, yo puedo enseñarte en seguida, es muy fácil.
Carlos . . .
Ramón — Tengo una manta y una pelota de playa.
Carlos . . .
Ramón — Por lo general ellas van a la misma playa, así que debemos encontrarnos con ellas.
Carlos . . .
Ramón — Eso no es problema, ella tampoco conoce a nadie.
Carlos . . .

G **Rompecabezas** (Solución al final del libro)

B	A	Ñ	O	R	I	L	L	A	A
S	A	L	V	A	V	I	D	A	S
P	T	S	O	L	C	D	B	G	M
E	L	A	Q	U	I	E	O	U	A
L	E	R	A	U	N	A	D	A	R
O	T	E	L	V	E	R	A	N	O
T	A	N	M	A	N	T	A	Z	A
A	T	A	R	F	U	T	B	O	L
C	I	T	A	B	R	A	Z	O	N
C	A	M	P	E	O	N	M	I	L

¿Puede Vd. encontrar estas palabras en español?:

1	arm	6	bath	11	swim	16	sea
2	athlete	7	ball	12	shore	17	date
3	movies	8	lifeguard	13	blanket	18	champion
4	summer	9	sand	14	football	19	such
5	sun	10	water	15	basketball	20	to give

La granja: *el asno, la vaca, la oveja, el cochino, el perro, el gato, la gallina, el gallo, el pato, el buho   *el misterio, el cadáver, el pescuezo torcido, participar en un juicio, interrogatorio*

12
¿Quién mató la gallina?
drama de misterio en un acto

Escena

La granja del señor Alejandro Campos. A la derecha
de la hacienda se ve una cerca de madera que separa
el corral de las tierras cultivadas. En el fondo se ve
un lago con patos y gansos nadando en él. Hay
5 unos labradores trabajando la tierra. Todos los animales están reunidos en el establo para participar en
un juicio. Presidiendo en el caso está el buho haciendo el papel de juez. A su izquierda el jurado compuesto de un toro, una oveja, una cabra, un pato, un
10 cochino y un asno. Ante el juez están el zorro que es
el fiscal, y el perro que es el abogado defensor.

EL BUHO — Señor fiscal, ¿está Vd. listo para comenzar su interrogatorio? —
EL ZORRO — Sí señor juez. Como primer testigo
15 llamo al señor Gato que descubrió el cadáver (*el
gato se sienta en la tribuna de los testigos*). Díga-
nos en sus propias palabras lo que le sucedió esta
mañana al salir de la casa.
EL GATO — Como Vds. saben, mi curiosidad me
20 lleva a menudo a lugares inesperados. Estaba hus-
meando cerca de la cocina porque oí decir que el
ratón andaba por ahí, cuando dí con el cuerpo
inmóvil de la gallina. Noté que le faltaban varias
plumas y que tenía el pescuezo torcido.
25 EL ZORRO — Y entonces, ¿qué hizo Vd.?
EL GATO — Inmediatamente fui al gallinero para
avisarle al gallo. —
EL ZORRO — Y ¿cómo reaccionó el gallo? —
EL GATO — La noticia no parecía disturbarlo porque
30 siguió cacareando con las otras gallinas e igno-

la granja *farm*
la madera *wood*

el juicio *trial*
el buho *owl*
hacer el papel de *to play
the role of*
el zorro *fox*
el fiscal *prosecutor, district attorney*

el testigo *witness*
el cadáver *corpse*

suceder *to take place*

a menudo *often*
husmear *to sniff*
oír decir *to hear that*
el ratón *mouse*
por ahí *around there*
dar con = encontrar
el pescuezo *neck*
torcido *twisted*
el gallinero = donde están
las gallinas

cacarear = hacer el ruido
de un gallo

rando a los pollitos que habían quedado huér-
fanos. —

EL PERRO — ¡Protesto! Eso es solamente una opinión. —

5 EL BUHO — Aceptada la protesta. Lo que nos interesa son los hechos concretos. Siga Vd. —

EL ZORRO — No me quedan más preguntas. —

EL BUHO — Señor abogado. ¿Qué tiene Vd. que
decir a favor de su cliente?

10 EL PERRO — Señor juez y distinguidos miembros del
jurado. (*Los miembros del jurado hacen ruidos de
animales.*) Parece que el dedo acusador señala a
mi cliente, el gallo. Es cierto que tiene fama de don
Juan, pero siempre fue un marido leal y devoto,

15 incapaz de matar a su mujer. Quisiera demostrar
que hay muchos que también pudiéramos sospechar de haber cometido este vil crimen. Quisiera
llamar a la señora Vaca a la tribuna para que testi-
fique. (*La vaca se sienta en la tribuna*) Señora,

20 ¿no es cierto que a Vd. nunca le gustó la gallina
porque ella siempre buscaba maíz en el establo? —

LA VACA — Vd. tiene razón. No éramos buenas amigas, pero no tenía por qué matarla. —

EL PERRO — ¿Dónde estaba Vd. esta mañana? —

25 LA VACA — Me pasé toda la mañana en el establo
porque me estaban ordeñando. —

EL PERRO — Gracias. Que pase el señor Buey. (*El
buey se sienta en la tribuna*) Señor Buey. Todos
sabemos que Vd. es muy torpe y tal vez pudo haber

30 pisado a la gallina sin darse cuenta. —

EL BUEY — No señor, eso es imposible porque me
pasé toda la mañana arando la tierra. Además,
tengo muchos testigos.

EL PERRO — Bueno. Me queda un sospechoso más.

35 Que pase el señor Caballo. (*El caballo trota hacia
la tribuna*) Señor Caballo, hemos notado que Vd.
trota alrededor del corral sin fijarse en los demás.
¿No es posible que haya pisado a la gallina en un
momento de descuido? —

40 EL CABALLO — Eso no es verdad. Siempre llevo la
cabeza alzada, pero en realidad me fijo en todo.
En cuanto a hoy, ni siquiera estaba en el corral.
Estaba corriendo por el bosque. No volví hasta la
tarde.

---

huérfano = sin padre ni
madre

el hecho *fact*

incapaz *unable*

(yo) quisiera *I would
like*

no tenía por qué *had no
reason to*

ordeñar *to milk*

torpe *clumsy*
tal vez = quizás, a lo mejor *perhaps*
pisar *to step on, to
trample*
darse cuenta *to realize*
arar *to plow*
un sospechoso más *an-
other suspicious (char-
acter)*
fijarse en *to pay attention
to*
el descuido *negligence*

alzado *raised*
en cuanto a *as far as*

EL BUHO — Señores miembros del jurado. Han oído el testimonio de todos. Ahora tienen que llegar a una conclusión. Mañana entregarán el veredicto.

5 En ese momento aparece en escena el cocinero de la granja y los animales se dispersan al verlo.

EL COCINERO (*recogiendo la gallina*) — ¡Aquí está! No pude acordarme donde la había dejado después de haberle torcido el pescuezo. Ahora sí que el caldo va a quedar rico.

10   Telón

el cocinero   *cook*
dispersarse   *to break up*
  (*a group*)

el caldo   *broth*

el telón   *curtain*

Ejercicios

A   Preguntas

Conteste según la lectura.

1   ¿Quiénes nadan en el lago de la granja?
2   ¿De quiénes está compuesto el jurado?
3   ¿Quién es el primer testigo?
4   ¿Cuál fue la reacción del gallo al recibir la noticia de la muerte de la gallina?
5   ¿Quién recoge el cuerpo de la gallina? ¿Qué va hacer con ella?

B   *Conteste según su reacción personal.*

1   Generalmente, ¿cuántas personas hay en un jurado?
2   ¿Qué cazan los gatos?
3   ¿De qué animal viene el jamón?
4   ¿Qué animal tiene mucha lana?
5   ¿De dónde viene la leche?

C   ¿Cierto o falso?

Lea las oraciones siguientes y diga si cada una es cierta o falsa.

1   El dueño de la granja se llama Alejandro Campos.
2   El gato es poco curioso.
3   El gallo se interesó por la noticia de la muerte de la gallina.
4   El buey estuvo toda la mañana trabajando.
5   El cocinero había matado a la gallina accidentalmente.

D   *Escoja el sonido que hace cada animal.*
    (Match each animal with its sound.)

1	el perro	a)	pío pío
2	el gato	b)	quiquiriquí
3	la oveja	c)	beé-beé
4	la vaca	d)	miau
5	el pato	e)	mú
6	el gallo	f)	cuac-cuac
7	el pollito	g)	guau-guau

E   Frases locas

Ponga los siguientes grupos de palabras en orden.

1   unos / tierra / hay / trabajando / la / labradores
2   decir / el / oí / andaba / ahí / que / ratón / por
3   que / fama / don / es / de / Juan / cierto / tiene
4   tal / pisado / pudo / a / gallina / vez / haber / la
5   sí / el / rico / ahora / va / ser / que / caldo / a

F   *Escoja la mejor descripción de cada dibujo.*

1   El buey ara la tierra.
2   El buho está sentado.
3   El gallo cacarea.
4   El gato ve la gallina.
5   El cocinero encuentra la gallina.
6   El caballo galopa.

El tránsito: *un carro (patrullero), la llanta, el farol, el parabrisas, el volante, la señal de alto, la multa, la acera *la infracción, aparcar, estacionar, la licencia de conductor*

13
¡Maneja con cuidado!

maneja con cuidado *drive carefully*

VW 1965. En buenas condiciones. Recién pintado. Llantas nuevas. Precio razonable.
5 Llamar Sr. Matamoros 227–9930.

Por razones personales vendo **Chevrolet convertible, amarillo 1970.** Trans-
10 misión automática, frenos de aire, ventanillas eléctricas. Una verdadera ganga a $1900. Llamar a
15 Pancho 735-2612.

Para el hombre con aptitud mecánica. Oportunidad única. **Dodge coupé 1951.** Motor en perfectas condiciones. Necesita acumulador, limpia-parabrisas y faroles. Fantástica ganga, solamente $100.
Agencia de autos usados Federico "el Feliz" Calzada Central No. 19.

Camioneta Ford, 1955. Excelentes condiciones mecánicas, aunque vieja. Necesita guardafango. Se aceptará la mejor oferta razonable.

recién *just, recently*

el limpia-parabrisas *windshield wiper*

el freno de aire *air brake*

---

20 Braulio está leyendo los anuncios clasificados de autos de uso porque ha recibido su licencia de conducir y ahora puede salir a comprar el carro que siempre ha soñado. Cuando ve el anuncio del coche por $100, casi se cae del asiento. Está listo para salir, cuando
25 su padre lo convence de que sería mejor si un experto en cosas automovilísticas, como él, lo acompañara.

En la agencia de automóviles, el vendedor trata de convencer a Braulio: — Joven, usted ha hecho una buena selección. Se ve que en cuanto a automóviles
30 usted sabe apreciar lo bueno. Al llegar a casa lo único que tiene que hacer es ir a una gasolinera para llenar el tanque y revisar el aceite.

En un abrir y cerrar de ojos, Braulio se sienta al volante. A su lado, dispuesto a ofrecer consejos no
35 solicitados, se instala su padre.

— Recuerda, Braulio, que de ahora en adelante

se ve = se nota *one can see*

revisar *to check*
en un abrir y cerrar de ojos = rápidamente *in a moment*

de ahora en adelante *from now on*

has asumido una nueva y grave responsabilidad. Maneja con cuidado. Aprende de mí, que llevo 25 años manejando sin cometer ni una infracción.

5 — No te preocupes, papá, me sé de memoria las leyes del tránsito — responde Braulio conteniendo su nerviosismo, al mismo tiempo que arranca y se pone en marcha.

Llegan a una intersección muy transitada y Braulio dobla a la izquierda. — ¿Por qué indicaste que ibas a 10 doblar a la derecha cuando doblaste a la izquierda? Pudiste haber causado un accidente. Maneja con más cuidado.

(*Cinco minutos más tarde*) — Braulio, acabas de pasar una señal de alto sin parar. ¿Es que no ves por 15 donde conduces? Menos mal que no hay policías por aquí. De la manera en que conduces, seguro que vamos a recibir una multa. Y, ¿por qué vas tan rápido? ¿Todavía no sabes los límites de velocidad?

En ese momento, Braulio ve a un peatón cruzando 20 la calle y toca la bocina.

— ¡Braulio!   Ésta es una zona de hospital. Te van a dar una multa.

Un rato después, Braulio disminuye la velocidad, hace la señal apropiada y, con mucho cuidado, dobla 25 la esquina.

— Esto es el colmo, Braulio. No ves que es una calle de dirección única y que todos los autos están estacionados en dirección contraria? Nos van a matar.

30 Por fin llegan a la calle donde viven. En la esquina está parado un carro patrullero.

— Braulio, mejor me dejas aparcar a mí, porque seguro que los policías nos están mirando. Ha sido un milagro el haber llegado sanos y salvos, sin ser 35 multados, y no quiero que nos pase nada ahora.

Braulio se baja y su padre aparca el carro con mucho cuidado. Están entrando en la casa cuando oyen una voz:

— Dispénseme, ¿quién ha estacionado ese vehí- 40 culo?

---

llevar   *to have spent (so much time)*

arrancar (un automóvil) *to start (a car)*
ponerse en marcha = empezar a andar   *to begin to take off*

menos mal   *thank goodness; it's a good thing*
la multa   *ticket (fine)*

tocar la bocina   *to honk the horn*

esto es el colmo   *this is the limit*
la calle de dirección única   *one-way street*

el milagro   *miracle*

dispénseme   *excuse me*

Al ver que el que ha hecho la pregunta es un policía, el padre de Braulio responde:

— No fue mi hijo, Sr. agente. Como que yo tengo
más experiencia, le demostré la forma correcta de
5 aparcar un automóvil.

— En ese caso, señor, déjeme ver su licencia de
conductor, porque ese vehículo está demasiado lejos
de la acera.

Ejercicios

A   Preguntas

Conteste según la lectura.

1   Según el anuncio el coche de $100   a) tiene llantas nuevas   b) tiene aire acondicionado   c) tiene un motor en perfectas condiciones   d) está recién pintado.

2   En la primera intersección Braulio   a) dobla a la derecha   b) indica que va a doblar a la derecha   c) pasa una señal de alto   d) recibe una multa.

3   Cuando Braulio ve a un peatón   a) disminuye la velocidad   b) sale del carro   c) toca la bocina   d) dobla la esquina.

4   El padre sabe que es una calle de dirección única por   a) la luz   b) la señal   c) la esquina   d) los autos estacionados.

5   El policía le pide la licencia al padre porque   a) se estacionó mal   b) no maneja con cuidado   c) cometió una infracción en una zona de hospital   d) causó un accidente.

B   *Conteste según su reacción personal.*

1   ¿Qué se necesita para manejar un automóvil?
2   Cuando ve una luz roja, ¿qué tiene que hacer?
3   ¿Qué clase de coche compraría Vd.?
4   Si tiene que ir de una ciudad a otra, ¿prefiere el tren, el auto, el avión o el autobús? ¿Cuáles son las ventajas y desventajas de cada método de transporte?

C   Modismos

Escoja el sinónimo de cada expresión indicada.

1 Anuncios de autos *usados*.	a) a la vez
2 Se sienta en *un abrir y cerrar de ojos*.	b) perdónenme
3 *Menos mal que* no hay policías.	c) rápidamente
4 *Por fin* llegan a la calle.	d) de ahora en adelante
5 *Dispénsenme*, señores.	e) de segunda mano
6 Trabaja *al mismo tiempo* que habla.	f) afortunadamente
	g) finalmente

D *Escoja la señal de tráfico más apropiada para cada oración.*
(Choose the appropriate traffic sign for each sentence.)

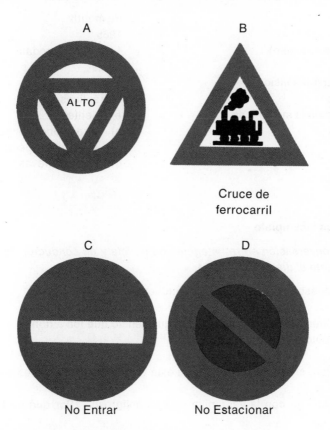

A

B

Cruce de
ferrocarril

C

D

No Entrar

No Estacionar

1 Braulio dobla porque no puede seguir derecho.
2 Braulio se detiene al llegar a una esquina.
3 No hay autos aparcados en la calle.
4 Braulio mira a ver si viene un tren.

E   *Haga un anuncio clasificado utilizando la siguiente información.*
(Make a classified ad using the following information.)

marca	Plymouth
año	1965
puertas (modelo)	4 puertas — sedán
color	verde
tipo de transmisión	automática
frenos	hidráulicos
condiciones mecánicas	excelentes
extras	a) aire acondicionado
	b) ventanillas eléctricas
	c) llantas nuevas

Precio: . . .

F   Diálogo incompleto

Una conversación entre un agente de policía y un conductor de automóvil.
Complete el diálogo siguiente.

Agente — Muéstreme su licencia de conductor.
Conductor . . .
Agente — Bueno, en primer lugar, ¿por qué señaló que iba a doblar a la derecha cuando dobló a la izquierda?
Conductor . . .
Agente — Pero si la señal de izquierda está rota, debe usar señales de mano.
Conductor . . .
Agente — Manejar con la ventanilla rota es peligroso. ¿Por qué no la arregla?
Conductor . . .
Agente — Sí, puede irse, pero arregle su auto antes de que cause un accidente grave.
Conductor . . .

G *Escoja la mejor descripción de cada dibujo.*

1 Un peatón cruza la calle.
2 Braulio se detiene por el letrero de alto.
3 El vendedor le habla a Braulio.
4 Braulio se sienta al volante.
5 Un policía les habla.

El amor: *el muchacho, la chica   *el pensamiento, triste, pensar en, mirar, en-cantar, sentir, escribir una nota*

14
"Estoy loco por ti, Lupita."

La primera vez que la vi fue en la clase de español.
Se llamaba Guadalupe Alemán y era la chica más
linda de toda la escuela. Tenía los ojos negros como
el cielo de una noche sin luna, el pelo largo y un poco
5 más oscuro que sus ojos, sus labios más rojos que
una rosa, y una sonrisa encantadora. Yo habría dado
todo lo que tengo por un asiento a su lado. Pero
nuestra maestra, la señorita Casavieja, siempre sienta
a sus alumnos en orden alfabético. Eso significa que
10 a Lupita le tocó sentarse en el primer asiento de la   a Lupita le tocó   *Lupita*
primera fila, y a mí, con el nombre de Mateo Zapata,   *was assigned*
me asignaron el último asiento de la sexta fila.

Estas cinco filas que nos separaban eran una distancia insuperable, así como la causa de mi miseria.
15 Cuando sonaba el timbre, Lupita siempre era la pri-   el timbre   *bell*
mera en salir de la clase porque tenía que llegar a
tiempo al gimnasio. Por mucho que tratara, yo nunca
podía alcanzarla a tiempo. Si no tropezaba con los   tropezar con   *to stumble*
pupitres y me caía, llegaba al pasillo cuando ya estaba   *upon, to bump into*
20 lleno de gente.

Después de mucho pensar se me ocurrió escribirle
una cartita declarándole mi amor y pidiéndole una
cita: la cita   *date*

Lupe de mi vida:

*Desde el primer momento en que te vi,
mi corazón no deja de palpitar cada vez
que pienso en ti. Paso noches enteras sin
dormir. He perdido el apetito y el único
pensamiento que cruza mi mente es estar
junto a ti.*

Por favor, espérame a la salida de la clase de español porque tengo que hablar contigo.

Estoy loco por ti.
Mateo
(sexta fila, último asiento)

Lupe de mi vida:

Desde el primer momento en que te vi, mi corazón no deja de palpitar cada vez que pienso en ti. Paso noches enteras sin dormir. He perdido el apetito y el único
5 *pensamiento que cruza mi mente es estar junto a ti.*
Por favor, espérame a la salida de la clase de español porque tengo que hablar contigo.

Estoy loco por ti
Mateo.
10 *(sexta fila, último asiento)*

Desafortunadamente traté de enviar la nota durante un examen y la Srta. Casavieja, que tiene una vista de águila, me sorprendió y me la quitó. La hizo pedazos y la echó en el cesto diciendo: — Mateo,
15 por tratar de pasar notas durante un examen le voy a quitar diez puntos.

Después de este fracaso decidí emplear un intermediario. Mi amigo Benito, que se sentaba detrás de Lupe en la clase de biología, convino en hablar con
20 ella para conseguirme una cita con ella para mañana sábado. Pero esta idea resultó ser peor que la anterior. Benito, que no es muy elocuente y se pone nervioso delante de las muchachas, no se expresó muy bien, y Lupita, para no ofenderlo, terminó saliendo
25 con él.

el águila (*f.*)   *eagle*
sorprender   *to surprise*
hacer pedazos = romper
   to break or tear into
   pieces
el cesto   *wastebasket*
el fracaso   *failure*

convenir en   *to agree to*

El lunes siguiente, mi maestro de matemáticas estuvo
ausente por primera vez y llegué temprano a la clase
de español. Al pasar por la primera fila oí a Lupe
hablando con una amiga:

5 — ¿Te divertiste el sábado?

— Sí, Benito no es mal tipo. Pero en realidad   **mal tipo** *bad looking,*
quiero salir con ese muchacho de los ojos tristes, que   *bad "guy"*
se sienta en el fondo de la clase y que siempre tropieza
con los pupitres. —

Ejercicios

A   Preguntas

Conteste según la lectura.

1   Describa a Lupita Alemán.
2   ¿Qué pasó al sonar el timbre?
3   ¿Qué hizo la maestra con la carta de Mateo?
4   ¿Por qué salió Lupita con Benito?
5   ¿Qué confesó Lupe a su amiga?

B   *Conteste según su reacción personal.*

1   ¿Dónde está sentado(a) Vd. en la clase de español?
2   Si un muchacho quiere una cita con una muchacha, ¿qué debe hacer?
3   ¿Qué debe hacer un profesor si un alumno pasa una nota durante la clase?
4   ¿En qué parte de la clase prefiere Vd. sentarse?
5   ¿Emplearía Vd. un intermediario en cuestiones de amor?

C   Vocabulario

Complete con la mejor palabra o expresión.

1   Por la noche, la . . . está en el cielo.
2   En una sala de clase hay . . . de pupitres.
3   Para ir de una sala de clase a otra caminamos por el . . .
4   Cuando alguien está . . . quiere decir que no vino.
5   Benito siempre es el primero en llegar a la escuela, él llega . . .

D   *Ponga los siguientes grupos de palabras en orden.*

1   los / negros / tenía / como / cielo / una / ojos / de / el /
     noche / luna / sin
2   sus / orden / siempre / a / alumnos / sienta / en / alfabético
3   no / vez / palpitar / ti / mi / deja / en / corazón / de / cada /
     que / pienso
4   pone / las / se / delante / nervioso / de / muchachas
5   muchacho / ojos / con / quiero / de / salir / ese / tristes /
     los

E   *Escoja la forma correcta de* ser *o* estar *para las oraciones siguientes.*

Lupita . . . una alumna nueva en la clase de inglés . . . mexicana de Jalisco. Mateo . . . completamente enamorado de ella. Él cree que ella . . . la chica más bella y más inteligente de toda la escuela. Suena el timbre; todo el mundo . . . presente menos ella. ¡Qué triste . . . Mateo! Dice para sí — ¿Dónde . . . Lupita? Me pregunto si . . . enferma.

De repente se abre la puerta y ahí . . . Lupita. Ahora Mateo . . . un muchacho feliz.

F   **Diálogo incompleto**

Mateo y Benito hablan acerca de Lupita. Complete el diálogo siguiente.

Benito — Podemos cambiar de asiento. Así puedes estar cerca de ella.
Mateo . . .
Benito — Tienes razón, la maestra es demasiado estricta.
Mateo . . .
Benito — Pero ¿por qué no le hablas antes de comenzar la clase?
Mateo . . .
Benito — ¿Qué tal si mañana le digo que te espere al terminar la clase?
Mateo . . .
Benito — Bueno, pero bien sabes que la última vez la maestra echó tu nota en el cesto.
Mateo . . .

G   *Escriba una cartita a un(a) amigo(a) declarando su amor. Utilice algunas de las frases siguientes.*
(Write a letter to a friend in which you declare your love. Use some of the following expressions.)

la primera vez que te vi . . .
tus ojos son como . . .
me encanta tu . . .
cuando me miras . . .
tu boca es . . .
cada vez que pienso en ti . . .
mi único pensamiento es . . .
siento en mi corazón . . .
todas las noches . . .
junto a ti . . .

H   Examen sicológico

¿Qué se debe hacer en estas situaciones?

1   Conrado le pide a Marta una cita para ir al cine el sábado por la noche.
Marta le contesta que no puede porque sale con otro muchacho. Conrado
debe:
   a)   sonreír y decirle: — quizás otra vez —
   b)   excusarse e irse enojado
   c)   encerrarse en su habitación y comer dos tortas de chocolate y una
        pizza.

2   María acepta una cita con Mario para ir a un baile durante la semana. De
repente se acuerda de que tiene un examen de español al día siguiente.
María debe:
   a)   explicarle a Mario que se olvidó del examen y que tendría que salir del
        baile temprano para poder estudiar
   b)   inventar una excusa como que su abuela se enfermó
   c)   ir al baile con sus libros y un diccionario para estudiar durante los
        ratos de descanso.

3   Enrique llega a una fiesta y descubre que hay gente allá que no le gusta.
Enrique debe:
   a)   tratar de conocer a las personas desconocidas y divertirse lo mejor
        que pueda
   b)   comer todo lo posible e irse temprano
   c)   quejarse en voz alta durante toda la noche que es una fiesta terrible.

4   Matilde recibe una llamada telefónica de Fernando pidiéndole una cita. No
quiere salir con él. Matilde debe:
   a)   decirle que no puede salir con él y que probablemente en el futuro no
        podrá porque está tan ocupada
   b)   decirle que le encantaría salir con él, pero desafortunadamente se le
        quebró una pierna
   c)   decirle que no la llame más porque se va a Australia la semana que
        viene.

5   Nacho invita a Genoveva a ir a una fiesta. Pero durante toda la noche
ignora a su invitada y trata de conocer a otras chicas. Genoveva debe:
   a)   interesarse en otros chicos
   b)   pelear con Nacho insultándole
   c)   meterse en un rincón tirándose el pelo y llorando.

6   Gertrudis va al encuentro a su "cita ciega" y descubre que no es como lo
imaginó cuando hablaban por teléfono. Es sucio y de mala apariencia.
Gertrudis debe:
   a)   sugerir que vayan a un lugar como el cine (donde no les pueden ver)
   b)   ofrecerle al joven una pastilla de jabón
   c)   ensuciarse a sí misma para hacer una buena pareja.

Scoring

a) = 10 puntos

b) = 2 puntos

c) = 1 punto

50 puntos o más = hombre o mujer de mundo.

40 a 50 puntos = necesita más experiencia.

30 a 40 puntos = necesita ayuda.

menos de 30 puntos = necesita mucha ayuda.

La jira campestre: *el chico, los niños, la muchacha, el viejo, el labrador, el perro, la mariposa, la vaca, el lago, la flor, la hierba, el árbol, la bicicleta, el*

sombrero   *al lado de, nadar, leer, correr, beber, poner, llevar, recoger (flores), pescar, comer*

Repaso y Recreo

A *Describa lo que pasa en el dibujo.*

B **¿Cierto o falso?**

Lea las oraciones siguientes y diga si cada una es cierta o falsa.

1 Una muchacha está nadando en el lago.
2 El viejo lee un libro.
3 El gato corre detrás de una mariposa.
4 Un chico bebe una coca-cola.
5 La mujer pone la comida en la arena.
6 Los pájaros están entre las flores.
7 El toro come hierba.
8 El labrador lleva sombrero.
9 Los niños juegan a la pelota.
10 La niña recoge flores.
11 Una bicicleta está al lado del árbol.

C **¿Quién lo hizo?**

1 Operó al paciente.
2 Bebió la sangre de la víctima.
3 Encontró el asiento con una linterna.
4 Pagó al dueño el alquiler.
5 Cogió al ladrón.
6 Defendió a su cliente.
7 Le cortó demasiado pelo al hombre.
8 Picó al muchacho.
9 Fue de flor en flor.
10 Rescató a una muchacha de las olas.
11 Condenó al criminal a la cárcel.
12 Mordió al gato.

a) el caballo
b) el perro
c) el policía
d) el juez
e) el salvavidas
f) la abeja
g) la mariposa
h) el médico
i) la enfermera
j) el vampiro
k) el inquilino
l) el acomodador
m) el abogado
n) el barbero

D   Palabras Revueltas   (Solución al final del libro)

Unscramble the following five words. Then arrange the circled letters to form the word that fits each definition.

La naturaleza

O R I M G A H

E N B U

P A S I M O R A

L O B A R

J A B E A

Es una alfombra natural

La escuela

U L M N O A

S A C I M U

O F E S P R O R A

R A Z A R P I

A R I H O R O

A todos los estudiantes les gusta esta hora

E   Crucigrama en dibujos   (Solución al final del libro)

El restaurante: *el camarero, la bandeja, el mantel, la servilleta, el plato, el vaso, la copa, el tenedor, el cuchillo, la cuchara, la sal, el vino, el pan, la mantequilla* *esperar con impaciencia, un hambre tremenda

15
La mejor salsa
es el hambre

la salsa   *sauce*

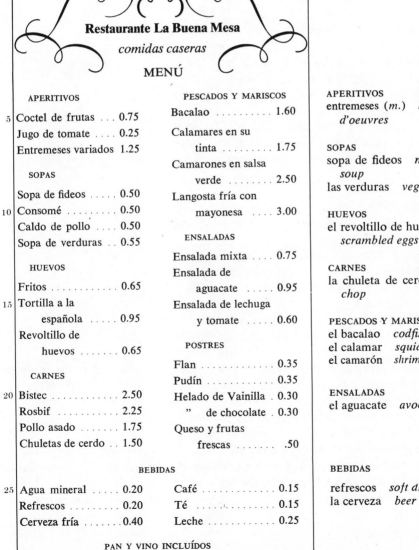

Restaurante La Buena Mesa
comidas caseras
MENÚ

APERITIVOS

5 Coctel de frutas ... 0.75
Jugo de tomate 0.25
Entremeses variados 1.25

SOPAS

Sopa de fideos 0.50
10 Consomé 0.50
Caldo de pollo 0.50
Sopa de verduras .. 0.55

HUEVOS

Fritos 0.65
15 Tortilla a la
   española 0.95
Revoltillo de
   huevos 0.65

CARNES

20 Bistec 2.50
Rosbif 2.25
Pollo asado 1.75
Chuletas de cerdo .. 1.50

PESCADOS Y MARISCOS

Bacalao 1.60
Calamares en su
   tinta 1.75
Camarones en salsa
   verde 2.50
Langosta fría con
   mayonesa 3.00

ENSALADAS

Ensalada mixta 0.75
Ensalada de
   aguacate 0.95
Ensalada de lechuga
   y tomate 0.60

POSTRES

Flan 0.35
Pudín 0.35
Helado de Vainilla . 0.30
   ”   de chocolate . 0.30
Queso y frutas
   frescas .... .50

BEBIDAS

25 Agua mineral 0.20
Refrescos 0.20
Cerveza fría 0.40

Café 0.15
Té 0.15
Leche 0.25

PAN Y VINO INCLUÍDOS

APERITIVOS
entremeses (*m.*)   *hors
   d'oeuvres*

SOPAS
sopa de fideos   *noodle
   soup*
las verduras   *vegetables*

HUEVOS
el revoltillo de huevos
   scrambled eggs

CARNES
la chuleta de cerdo   *pork
   chop*

PESCADOS Y MARISCOS
el bacalao   *codfish*
el calamar   *squid*
el camarón   *shrimp*

ENSALADAS
el aguacate   *avocado*

BEBIDAS
refrescos   *soft drinks*
la cerveza   *beer*

Por lo general, Gregorio Rotundo almuerza en su casa. Pero hoy es jueves, y todos los jueves su mujer prepara la misma cosa: ¡Cocido! Él sabe bien que este plato contiene todas las sobras de la semana.
5 Este jueves va a ser diferente. Don Gregorio decide tener una aventura gastronómica. Casi siempre él almuerza a eso de las dos, pero ya son casi las tres de la tarde y todavía no ha probado ni un bocado. Tiene un hambre tremenda y decide ir a comer al
10 restaurante "La Buena Mesa", famoso por sus comidas caseras.

el cocido   *Spanish dish of boiled meat and vegetables; stew*
las sobras   *leftovers*

a eso de = alrededor de *at about*
probar   *to taste*
el bocado   *mouthful*

casero   *home-cooked*

En cuanto entra en el restaurante, ve una mesa desocupada y se sienta.
— Camarero, quiere tomar la orden, por favor.
15 ¡Tengo tanta hambre que comería piedras!
— Espérese usted, solamente tengo dos manos y usted no es el único cliente.
Don Gregorio mira alrededor de él. Todo el mundo come; cada minuto que pasa su apetito crece
20 más. Al fin llega el mozo que le da el menú al pobre don Gregorio.

— Bueno señor — dice el camarero tratando de bromear — más vale tarde que nunca y como dicen, la mejor salsa es el hambre.
25 — Ya tengo suficiente salsa — responde don Gregorio irritado. — Tráigame un bistec con papas fritas, ensalada de lechuga y tomate, pan con mantequilla y un vaso de vino tinto.

la mantequilla   *butter*

— Lo siento, señor, pero no tenemos más bistec.
30 — Bueno. Tráigame medio pollo asado en vez del bistec.
— Lo siento, pero también se acabó el pollo.

se acabó (el pollo) = ya no hay más (pollo)

— ¿Hay bacalao o cualquier otro pescado? — exclama don Gregorio tratando de controlarse.
35 — Lo siento otra vez, pero tampoco hay pescado.
— Hombre, ¿qué es esto? Vds. tienen una lista con tantos platos y, sin embargo, no hay nada.

sin embargo   *nevertheless*

— Pero Vd. llegó muy tarde. Solamente nos queda la especialidad de la casa y hoy está muy buena. Hay
40 que esperar veinte minutos.

nos queda   *we have left*

— Bueno hombre, no importa. Por eso estoy aquí. Tráigamelo lo antes posible.

El camarero se va. Ya todo el mundo ha terminado de comer. Don Gregorio espera con impaciencia, pen-
5 sando en el suculento plato que va a devorar. Aparece el camarero. Lleva en la mano una bandeja con un plato cubierto y humeante. Pone el plato delante del hambriento don Gregorio y exclama: — Aquí está nuestra especialidad: ¡cocido!
10 ¡Buen Provecho!

no importa *it doesn't matter*
por eso = por esa razón *that's why*
lo antes posible = lo más pronto posible

humeante = echando humo *smoking (adj.)*

buen provecho = buen apetito *hearty appetite*

Ejercicios

A   Preguntas

Conteste según la lectura.

1   ¿Qué pasa todos los jueves en casa de don Gregorio?
2   ¿Por qué tiene tanta hambre hoy?
3   ¿Cuál es el plato más caro que sirven en "La Buena Mesa"?
4   ¿Cuánto valen el pan y el vino?
5   ¿Qué le trae el camarero a don Gregorio?

B   *Complete según su reacción personal.*

1   Vd. tiene solamente dos dólares y cincuenta centavos. Está en el restaurante "La Buena Mesa" y quiere una comida completa. ¿Qué pide?
2   ¿Almuerza Vd. cuando tiene hambre, o a una hora determinada?
3   ¿Cuál es su postre favorito?
4   ¿Qué prefiere comer Vd. en un restaurante?
5   ¿Qué bebida toma Vd. con la comida? ¿Cuál después de comer?

C   ¿Cierto o falso?

Lea las oraciones siguientes y diga si cada una es cierta o falsa.

1   La señora de don Gregorio prepara el cocido con ingredientes frescos.
2   El bistec vale lo mismo que los camarones.
3   El flan es para comer antes de la carne.
4   Don Gregorio pide cosas que no hay.
5   A don Gregorio le gusta mucho la especialidad del restaurante.

D   Vocabulario

Complete con la mejor palabra o expresión.

1   Una lista de platos es un . . .
2   Un . . . es una persona que trabaja en un restaurante.
3   . . . es una bebida.
4   En un restaurante hay menos platos cuando uno llega . . .
5   El . . . se come al final de la comida.

E   *Escoja el mejor modismo en español para traducir cada modismo en inglés.*

1 No tenemos más camarones, *I am sorry.*
2 Prefiero bacalao *every* jueves.
3 *There are no more* huevos fritos.
4 *It doesn't matter.* Deseamos camarones.
5 *It is necessary to* esperar diez minutos.

a) por lo general
b) se acabaron los
c) lo siento
d) no importa
e) solamente nos queda
f) hay que
g) todos los

F   *Escoja la palabra en español relacionada con cada palabra en inglés.*

1 la piedra
2 la carne
3 crecer
4 bien
5 único

a) *unimportant*
b) *benefit*
c) *pedestrian*
d) *petrify*
e) *unique*
f) *crescent*
g) *carnivorous*

G   **Diálogo incompleto**

Complete el diálogo siguiente haciendo el papel del cliente.

Camarero — Buenas tardes, aquí tiene Vd. la lista de platos.
Cliente . . .
Camarero — Lo siento, señor, pero ya no hay más.
Cliente . . .
Camarero — Sí, claro. Es la especialidad de la casa. Hoy está muy bueno(a), pero hay que esperar veinte minutos.
Cliente . . .
Camarero — Muy bien. ¿Qué va Vd. a tomar con la comida?
Cliente . . .
Camarero — Y ¿qué desea de postre?
Cliente . . .

La sala: *el sofá, la almohada, la mesita, la lámpara, el florero, el cenicero, el estante, el cuadro, el espejo* *estar amueblado, mirar la televisión, encender el televisor, cambiar el canal*

16
¡Arriba las manos!
comedia en un acto

Escena

La acción se desarrolla en la sala de la casa de la
familia Cabezón. Está amueblada en un estilo sencillo. A la derecha, contra la pared hay un sofá con
dos o tres pequeñas almohadas de varios colores. A
5 cada lado del sofá hay una mesita. Sobre una mesita
hay una lámpara de mesa, sobre la otra hay un florero
con flores artificiales y un cenicero de cristal. Al
fondo hay dos sillones. Detrás de los sillones se ve
un estante lleno de libros y de revistas. En un rincón
10 hay un televisor y un tocadiscos. El piso está cubierto
de pared a pared con una alfombra de nilón. En las
paredes hay varios cuadros y un espejo enorme.

se desarrolla *takes place*

sencillo *plain*

Personajes

RIGOBERTO — Jefe de familia y padre de tres hijas
FREDESWINDA — Hija de 13 años de edad
15 AURORA — Hija de 11 años de edad
HORTENSIA — Hija de 8 años de edad
GENOVEVA — Mujer de Rigoberto (*no aparece en
escena porque está constantemente en la cocina
fregando.*)

el jefe de familia *head of
the family*

fregar = lavar los platos
to wash the dishes

20 Al levantarse el telón, Rigoberto está hablando por
teléfono.

RIGOBERTO — No, Saturnino, no voy a jugar a los
bolos esta noche. No dormí bien anoche y tengo
mucho sueño. Estoy muerto de cansancio y lo
25 único que quiero hacer es quedarme en casa a descansar y a mirar la televisión en paz. Llámame
mañana. Adiós. (*Cuelga el receptor, se sienta en*

jugar a los bolos *to bowl*
tener (mucho) sueño *to
be (very) sleepy*
estar muerto de cansancio
to be dead tired

una de las butacas y se quita los zapatos.) — Fredeswinda, dame la TeVe Guía para ver lo que ponen ahora.

FREDESWINDA — (*dándole la guía*) Aquí la tienes.

7:00	2	Noticiero — *Noticias Mundiales y Locales*
	4	El Enmascarado Solitario — *Aventura del Oeste*
	7	Muñequitos
	9	La Bala Fría — *Detective*
	11	*Telenovela — El amor imposible (60 minutos)*
7:30	2	Programa de Variedades
	4	La Pistola de Fuego — *Aventura del Oeste*
	7	La Pandilla Perdida
	9	Pájaros del Trópico — *Documental*

el enmascarado = hombre con una máscara
muñequitos   *cartoons*
la bala   *bullet*

la pandilla   *gang*

RIGOBERTO — Aurora, pon el canal 2 porque son casi las siete y quiero ver las noticias.

AURORA — Pero, papá, tú me prometiste que íbamos a mirar la película de vaqueros.

el vaquero   *cowboy*

HORTENSIA — Yo quiero ver los muñequitos.

FREDESWINDA — No puedo perderme el capítulo de "El amor imposible". Esta noche veremos si los amantes van a fugarse o no.

fugarse   *to flee, to elope*

AURORA — No, no. Tú me prometiste, papá.

HORTENSIA (*llorando*) — Mis muñequitos.

GENOVEVA (*desde la cocina*) — Rigoberto, ¿qué está pasando? ¿Por qué hay tanto ruido?

RIGOBERTO — Niñas, pórtense bien. Miren lo que quieran pero déjenme en paz.

(Aurora enciende la televisión. En la pantalla aparece una escena del lejano oeste. Se oye la voz de uno de los vaqueros.)

encender   *to turn on*
la pantalla   *screen*

VOZ — Bueno muchachos, prepárense. Ahí viene la diligencia con el dinero del banco. Tenemos que terminar antes de que el alguacil y sus diputados vuelvan del rancho. *(De detrás de una roca sale un enmascarado acompañado de un indio.)*

la diligencia   *stagecoach*
el alguacil   *sheriff*

EL ENMASCARADO SOLITARIO — (*gritando*) Arriba las manos, malvados. Hoy no van a salirse con las suyas. (*En este momento Hortensia cambia de canal.*)

malvado *villain*
salirse con las suyas *to get away with it*

5 VOZ DEL LOCUTOR — ¿Está usted seguro de la eficacia de su desodorante? Cuando usted entra en un salón, ¿nota que la gente empieza a irse? ¿Le molesta que sus amigos lo saluden de lejos solamente? ¿Le intriga que la gente abra ventanas en 10 cuanto usted aparece?

el locutor *announcer*
la eficacia *efficiency*

de lejos = lo contrario de "de cerca"

(*Fredeswinda cambia el canal y pone la Telenovela. En la pantalla se ven dos enamorados abrazándose y hablando entre besos.*)

ÉL — Tu padre nunca permitirá que nos casemos. 15 Tendremos que fugarnos. Es la única solución.
ELLA — Pero eso le partirá el alma a mi madre.
VOZ DEL LOCUTOR — Y ahora, un mensaje de nuestros patrocinadores, la pasta dentífrica "Diente de Ángel". Señorita, ahora puede tener el aliento con 20 que siempre ha soñado. Y sus dientes brillarán como estrellas. Use nuestro producto durante una semana y verá la diferencia. Ni su novio la reconocerá.

partir el alma = hacer o poner triste *to break one's heart*
un mensaje *message*
el patrocinador *sponsor*
la pasta dentífrica = pasta para los dientes
el aliento *breath*
la estrella *star*

(*Hortensia vuelve a cambiar el canal y pone otro* 25 *anuncio comercial. En la pantalla se ve un diagrama de la cabeza con pequeños martillos golpeando el cráneo.*)

volver a = hacer algo otra vez
el martillo *hammer*
golpear = dar golpes
el cráneo *skull*

VOZ AUTORITARIA — Cuando tiene dolor de cabeza, ¿le parece que mil martillos le golpean incesante- 30 mente? ¿Ha tratado usted de calmarse con tabletas de aspirina solamente sin resultado alguno? Entonces, usted necesita "Píldoras Puñetazo" de alta potencia.
RIGOBERTO — Con el dolor de cabeza que tengo 35 ahora, ni una botella de esas **píldoras** me ayudaría. (*Se levanta y va al teléfono.*) ¿Saturnino? Me alegro encontrarte en casa todavía. Espérame, voy contigo porque necesito un descanso.

la píldora *pill*
el puñetazo *blow of the fist, punch*

Telón

Ejercicios

A   Preguntas

Conteste según la lectura.

1   En la sala de la casa Cabezón, el piso está cubierto con una . . . de . . .
2   Rigoberto no quiere jugar a los bolos porque está . . .
3   Cuando Aurora enciende la televisión, aparece una escena del . . .
4   Antes de irse, Rigoberto ve anuncios de un . . . , una . . . y unas . . .
5   Después de tantos anuncios, Rigoberto decide salir de la casa porque tiene . . .

B   *Conteste según su reacción personal.*

1   ¿Cuándo mira Vd. la televisón?
2   ¿Qué programas prefiere Vd.?
3   Describa un anuncio comercial que ha visto en la televisión.
4   En vez de "Diente de Angel" dé otro nombre para una pasta dentífrica maravillosa.
5   ¿Prefiere ir al cine o mirar la televisión? ¿Por qué?

C   *Corrija los errores en las oraciones siguientes.*

1   Rigoberto está cansado porque jugó a los bolos.
2   El canal dos pone aventuras del oeste.
3   Hortensia quiere ver las noticias.
4   La telenovela es acerca de una diligencia.
5   Rigoberto decide irse a dormir.

D   *Ponga las oraciones siguientes en el orden en que ocurrieron.*

1   En la pantalla aparece una cabeza con martillos.
2   Las tres hijas y Rigoberto discuten.
3   Rigoberto llama a Saturnino.
4   Aparece un enmascarado en la pantalla.
5   Rigoberto y sus hijas van a mirar la televisión.
6   Se oye una voz anunciando un desodorante.

E   Rompecabezas   (Solución al final del libro)

P	E	L	I	C	U	L	A	B	C
E	W	M	C	A	S	A	L	E	P
S	P	A	L	F	O	M	B	R	A
T	R	T	S	E	F	P	E	I	R
R	O	C	A	Q	A	A	S	N	E
E	V	A	Q	U	E	R	O	C	D
L	I	B	R	O	F	A	Ñ	O	S
L	M	E	S	A	L	A	R	N	Q
A	T	Z	A	P	A	T	O	P	N
I	F	A	M	I	L	I	A	Y	B

¿Puede Vd. encontrar estas palabras en español?:

1	film	6	book	11	family	16	lamp
2	house	7	years	12	star	17	kiss
3	carpet	8	table	13	head	18	corner
4	rock	9	living room	14	coffee	19	wall
5	cowboy	10	shoe	15	couch	20	he leaves

El parque zoológico: *el león, el elefante, el gorila, la jaula, el guardia, los cacahuetes *molestar a los animales, dar de comer a, obedecer las reglas*

17
Por favor, no molesten a los animales.

La señorita Matamoscas es una maestra de ideas pro-
gresistas. Ella cree que lo que se aprende fuera de la
escuela es tan importante como lo que se aprende de
los libros. Para dar a sus alumnos una experiencia

5 directa con las maravillas del reino de los animales,
ella decide organizar una excursión al parque zoológico. Antes de entrar en el parque les da las últimas
instrucciones.

— Niños y niñas, recuerden que Vds. representan

10 a nuestra escuela. Hay que comportarse como personas mayores y obedecer todas las reglas que ven
aquí en este letrero:

fuera de *outside*

el reino *kingdom*

comportarse *to behave*
obedecer *to obey*

PARQUE ZOOLÓGICO MUNICIPAL
AVISO:
15 *Para mantener un ambiente más agradable para
todos, queda estrictamente*

PROHIBIDO:
1. Molestar a los animales
2. Dar de comer a los animales
20 3. Meter las manos en las jaulas
4. Tirar basura en el suelo
5. Pisar el césped
6. Arrancar las flores
7. Montar bicicleta

---

el ambiente = la atmósfera

dar de comer *to feed*

la basura *garbage*
el césped *lawn, grass*

25 — Ahora, vamos a dividirnos en tres grupos. Vds.
siete aquí, formarán el primer grupo con Abelardo a
cargo; estas seis niñas vayan con Maritza, y los demás

a cargo *in charge*

117

vengan conmigo. Anden de dos en dos para no perderse. Nos reuniremos frente a la jaula de los leones
dentro de una hora para almorzar. —

de dos en dos   *by twos*
frente a   *facing, across from*

Apenas se habían separado los tres grupos, cuando
5 Abelardo vino corriendo y dando gritos.

dar gritos = gritar

— Señorita Matamoscas, el guardia dice que va a
romperle la cabeza a Jaimito si él sigue disparando
cacahuetes con una paja a los monos. Dice que eso
los pone muy nerviosos. —

disparar   *to shoot*
el cacahuete   *peanut*
la paja   *straw*
el mono   *monkey*

10 — Dile a Jaimito que si tengo otra queja de él
nunca más va a venir con nosotros. — Tan pronto
como se fue Abelardo, apareció una vieja, mojada
hasta los huesos y muy furiosa.

tan pronto como   *as soon as*

— Es evidente que Vd. no sabe controlar a sus
15 alumnos. Dos de ellos estaban peleando y tirándose
agua. Como ve, estoy hecha una sopa, y me quejé al
guardia.

hecho una sopa = muy mojado, mojado hasta los huesos

— Lo siento señora, le aseguro que los casti-
garé. —

castigar   *to punish*

20 Pasó media hora sin novedad y la señorita Matamoscas estaba a punto de reunir sus alumnos para el
almuerzo, cuando se presentó un guardia visiblemente
irritado.

la novedad   *surprise*

— Mire Vd., señorita. No dije nada cuando mo-
25 jaron a una señora. Pero ahora, esto es el colmo.
Uno de sus "angelitos" ha metido una salchicha en
la trompa de un elefante, y cuando pasé por delante
de la jaula del gorila, lo vi comiendo un sándwich de
salami y bebiendo una Coca cola. Si ocurre algo más,
30 tendré que multarla a Vd. y expulsarlos a todos. —

es el colmo   *that tops it, that's the last straw*
la salchicha   *sausage*

— Lo siento mucho, señor. Le aseguro que no
volverá a suceder. —

sentirlo (mucho)   *to be (very) sorry*

Reunida toda la clase, la señorita Matamoscas les
habla solemnemente.
35 — Estoy muy desilusionada con Vds. pues han
molestado a las pobres bestias y han desobedecido las
reglas. Siempre hay que ser gentil con nuestros amigos, los animales, y lo más importante en este mundo
es obedecer las reglas. — (*Como ilustración, se*
40 *vuelve hacia la jaula de los monos y recoge un pedazo*
de banana.)

desobedecer   to disobey
gentil   *nice*

— Miren Uds. Este pobre monito ha dejado caer
esta banana y voy a dársela. —

(*El guardia, que ha visto lo que pasó*)

— Ajá, dando de comer a los animales. Voy a
5 ponerle una multa para que sirva de ejemplo. Si la
maestra no obedece las reglas, ¡cómo podemos
esperar que lo hagan los alumnos! —

poner una multa = multar
to fine

Ejercicios

A   Preguntas

Conteste según la lectura.

1   ¿Cuáles son unas cosas prohibidas en el parque zoológico?
2   ¿Dónde tiene que reunirse la clase después de una hora?
3   ¿Qué hacía Jaimito con una paja?   .
4   ¿Qué estaba comiendo el gorila?
5   ¿Por qué le pone una multa a la maestra?

B   *Conteste según su reacción personal.*

1   ¿Puede Vd. nombrar algunos animales que se encuentran en el zoo?
2   ¿Cuál es una fruta favorita de los monos?
3   ¿Qué compra Vd. en el parque zoológico?
4   ¿Por qué no se debe meter las manos en las jaulas?
5   ¿Dónde se debe tirar la basura?

C   ¿Cierto o falso?

Lea las oraciones siguientes y diga si cada una es cierta o falsa.

1   La señorita Matamoscas tiene ideas atrasadas.
2   En el parque zoológico está prohibido ofrecer comida a los animales.
3   Jaimito molesta a los monos.
4   El guardia amenaza multar a la maestra.
5   El guardia felicita a la maestra por dar la banana al monito.

D   Modismos

Escoja el sinónimo de cada expresión indicada.

1   Los muchachos *daban gritos.*   a)   en cuanto
2   El viejo está *mojado hasta los huesos.*   b)   es necesario
3   *Tan pronto como* se fue, apareció una vieja. c)   pasará otra vez
4   Siempre *hay que* ser gentil.   d)   sin nada de nuevo
5   Eso no *volverá a pasar.*   e)   esto es el colmo
6   Pasó media hora *sin novedad.*   f)   hecho una sopa
                                                  g)   gritaban

E   Vocabulario

Escoja la mejor definición de cada palabra indicada.

1　*el letrero*　　　　　a)　hierba
2　*la basura*　　　　　b)　animal que vuela
3　*el césped*　　　　　c)　caja para encerrar animales
4　*la jaula*　　　　　d)　escrito que sirve para indicar una cosa
5　*el pájaro*　　　　　e)　lo que se recoge barriendo
　　　　　　　　　　　f)　tubo delgado que se usa para beber un líquido

F　*Escoja la frase que mejor complete la oración.*

1　Recuerden que . . .　　　　a)　ser gentil con los animales.
2　Queda prohibido . . .　　　b)　molestar a los animales.
3　Dos alumnos . . .　　　　　c)　expulsarlos del parque.
4　Si ocurre algo más, tendré que . . .　　d)　estaban peleando.
5　Siempre hay que . . .　　　e)　Vds. representan a nuestra
　　　　　　　　　　　　　　　　escuela.

G　Diálogo incompleto

Un papá le pregunta a su hijito acerca de la visita al zoológico. Complete el diálogo siguiente.

Papá — ¿Te divertiste ayer en el zoo?
Hijo . . .
Papá — ¿Qué animal te gustó más?
Hijo . . .
Papá — ¿Hiciste todo lo que querías?
Hijo . . .
Papá — Pero si no hay reglas, la gente se porta mal. Hay que proteger a los animales. ¿Cuándo quieres volver?
Hijo . . .
Papá — Está bien, la próxima vez vamos a un zoo donde puedas montar tu bicicleta.
Hijo . . .

La fuente de soda: *el mostrador, el perro caliente, el batido, el helado, las papas fritas, el refresco* *pedir, una chica nueva en el barrio, encantadora, pasar por delante de*

18
Cuatro Romeos y una Julieta
comedia en un acto

Personajes

PABLO PANTUFLAS
SANDALIO ZAPATA
BENITO BOTAS
SIMPLICIO MENTESECA

} jóvenes de 17 años

5 EL MOZO — el hombre a cargo de la fuente de soda
JULIETA — una nueva muchacha en el barrio, de
   unos 16 años y muy atractiva

a cargo de   *in charge of*
la fuente   *fountain*
el barrio   *neighborhood*

Escena

La escena consta de dos partes. A la izquierda, la
calle y la acera frente a una confitería. A la derecha,
10 el interior de la confitería con mesas, sillas y una
fuente de soda. En la pared cuelga un letrero con la
lista de precios.

constar de   *to consist of*

cuelga   *hangs*

☆ **Confitería La Latina** ☆

BOCADILLOS		BEBIDAS	
15 Perro Caliente	.35	Limonada	.25
Hamburguesa	.40	Sodas	.25
Hamburguesa con		Batidos	.40
queso derretido	.45	Leche	
Sandwiches		Malteada	.45
20 Variados	.55	Refrescos	.25
Papas Fritas	.30		

HELADOS (Fresa, Chocolate, Vainilla)

Barquillo	.20
Vasito	.25
Paleta	.20

BOCADILLOS
el bocadillo   *sandwich*
derretido   *melted*

BEBIDAS
el batido   *shake*

HELADOS
el helado   *ice-cream*
la fresa   *strawberry*
el barquillo   *ice-cream-
   cone*
el vasito   *ice-cream cup*
la paleta   *popsicle*

Es sábado por la noche y los cuatro muchachos están discutiendo sus planes para pasar la noche.

PABLO — ¿Por qué no vamos al cine?

SANDALIO — ¿Qué ponen hoy?

5 PABLO — "Tanques al ataque". Es una película de guerra.

BENITO — Ah, yo ya la vi. Es muy aburrida. Vamos a un baile. Es más barato que ir al cine.

SIMPLICIO — No tengo ganas de bailar. Además, la
10 última vez que fuimos, nos echaron por armar un escándalo. ¿Qué tal les parece ir a bolear?

SANDALIO — No, no vale la pena. Hoy es sábado y va a estar lleno de parejas. Ese juego tonto no merece esperar media hora en cola. Vamos a
15 patinar.

TODOS — Oh, no. ¿Otra vez?

PABLO — Cada vez que no tenemos nada que hacer, acabamos patinando solos. Sin chicas no es divertido.

20 BENITO — ¿Por qué estamos parados aquí en la calle como cuatro idiotas? Vamos a tomar algo en la confitería mientras decidimos qué hacer.

Los cuatros entran en la confitería y se sientan al mostrador.

25 PABLO — Déme una leche malteada de chocolate.

SANDALIO — Yo quiero un batido de vainilla con una ración de papas fritas.

BENITO — A mí me da un perro caliente con mostaza y una gaseosa con hielo.

30 MOZO — Y tú, Simplicio, ¿no quieres nada?

SIMPLICIO — Bueno, no tengo mucha hambre pero como todo el mundo está comiendo, me puede traer una hamburguesa doble con queso derretido y cebolla cruda y tomate, una ración de ensalada de
35 papas, un batido de fresa, una copa "suprema" con dos bolas de cada sabor de helado, sirope de chocolate, nueces y crema batida.

MOZO — Se ve que no tienes mucho apetito. (*Todos se ríen*)

40 En ese momento entra Julieta sola y se sienta a una mesa. Los cuatro muchachos la miran boquiabiertos.

---

el tanque   *tank*

aburrido   *boring*
barato   *cheap*
tener ganas de   *to feel like*
armar un escándalo   *to create a scene*
bolear   *to bowl*
valer la pena   *to be worth while*
la pareja   *couple*
esperar en cola   *to wait in line*
patinar   *to skate*

el mostrador   *counter*

la ración = la porción
la mostaza   *mustard*
la gaseosa con hielo   *soda with ice*

la cebolla   *onion*

la copa "suprema"   (*ice cream*) *sundae*
la nuez   *nut*

boquiabierto = con la boca abierta   *astonished*

SANDALIO (*dejando escapar un silbido suave*) — ¿Quién es ésa? No la conozco.

el silbido *whistle*

BENITO — Ni yo tampoco. Debe ser nueva en el barrio.

5 PABLO — Mi hermana me mencionó que una muchacha nueva llegó a su clase ayer. Pero ella no dijo que era tan encantadora.

SIMPLICIO (*hablando para sí*) — A lo mejor debo pedir sirope de fresa en vez de sirope de chocolate.

a lo mejor = quizás *maybe*

10 SANDALIO (*ignorando las palabras de Simplicio*) — Oye Pablo, ¿por qué no entablas conversación con ella?

entablar conversación con = comenzar a hablar con

PABLO — ¿Yo? ¿Por qué no lo haces tú, don Juan? Tú siempre te las arreglas bien con las chicas.

arreglárselas (bien con) *to get along (well with)*

15 BENITO — Sí, Sandalio, siempres sabes qué decir.

SANDALIO — ¡Qué va! No tengo la menor posibilidad. Una muchacha como ésa está buscando una estrella de cine.

BENITO — Miren. Por allá viene Abelardo.

20 Entra Abelardo. Ve a Julieta sentada sola. Le sonríe y ella le devuelve la sonrisa. Él se sienta junto a ella.

devolver *to return*

PABLO — Esto es el colmo. Si Abelardo con su cara de caballo piensa que va a conquistar a esa belleza, va a quedar desilusionado. (*Sandalio y Benito de-*

25 *muestran que están de acuerdo moviendo la cabeza.*)

De repente Abelardo y Julieta se levantan y se dirigen hacia la puerta. Pasan por delante de los cuatro jóvenes.

dirigirse = ir

30 JULIETA — Eres tan gentil en hablarme, Abelardo. No conozco a nadie aquí y tenía miedo de que no iba a tener con quien hablar.

SANDALIO (*a sus compañeros*) — Lo veo y no lo creo. ¿Qué les parece?

35 SIMPLICIO — ¿Saben qué? Me parece que no he pedido bastante. (*Al mozo*) Tráigame un pedazo grande de pastel de chocolate a la moda y . . . .

el pastel *cake*

Ejercicios

A   Preguntas

Conteste según la lectura.

1   ¿Qué están discutiendo los cuatro muchachos?
2   ¿Tiene Pablo mucha hambre? ¿Qué pide?
3   ¿Con quién se sienta Julieta?
4   ¿Por qué cree Pablo que Abelardo no va a tener éxito?
5   ¿En qué piensa siempre Simplicio?

B   *Conteste según su reacción personal.*

1   Si Vd. tiene un dólar, ¿qué puede pedir en la confitería "La Latina"?
2   ¿Qué prefiere hacer Vd. el sábado por la noche?
3   ¿Por qué es una buena idea hablar con un muchacho nuevo o una muchacha nueva?
4   ¿Quién debe pagar por los refrescos en la primera cita?
5   ¿Qué es más importante en la primera cita, la buena apariencia o el buen hablar?

C   Diálogo incompleto

Raúl y Arturo no pueden decidir a dónde ir. Complete el diálogo siguiente.

Raúl — Ya vimos esa película del oeste. ¿Por qué no vamos a bolear?
Arturo . . .
Raúl — No, los sábados el mini-golf está repleto. ¿Quieres ir al baile en la escuela?
Arturo . . .
Raúl — Perfecto. Me encanta patinar. ¿Cuánto cuesta alquilar los patines?
Arturo . . .
Raúl — Pero yo no tengo patines. Mi hermano los rompió el mes pasado.
Arturo . . .
Raúl — Mejor vamos a la confitería, a ver si alguien está allí.

D   *Haga un resumen de lo que pasó usando los siguientes grupos de palabras.*

1   Muchachos / solos / saben / hacer
2   Entrar / confitería / decidir
3   Simplicio / hambre / pedir
4   Ver / muchacha / Abelardo / sentarse
5   Julieta / salir / Abelardo / cuatro / jóvenes

E   *Escoja la mejor descripción de cada dibujo.*

1   Julieta se sienta sola.
2   Los cuatro muchachos discuten qué hacer.
3   Juegan al mini-golf.
4   Se sientan al mostrador.
5   Julieta y Abelardo salen juntos.
6   Simplicio come una cantidad enorme de comida.

La boda: *la iglesia, el cura, el novio, la novia* *la ceremonia religiosa, oficiar, *casarse, tomar por esposa (por marido), declarar marido y mujer*

19
No señor, yo no me caso.

No señor, yo no me caso. Ya sé que tengo 30 años y debo hacerlo, pero no tengo prisa. ¿Para qué? Estoy instalado en mi piso de soltero y vivo muy bien: alfombras de pared a pared, televisión de colores, 5 un bar lleno de todos los licores imaginables; yo le puedo preparar lo que quiera.

Y da gusto sentarse en el sofá tomando algo y escuchando la música estereofónica. ¡Qué ambiente! Tengo varios amigos que se casaron para tener casas 10 más limpias y, ¿saben lo que pasó? Lo único que sus mujeres limpiaron fue los botones del televisor.

Y sin embargo, Drucilda es diferente. Ella no se comportaría así. Pero . . . todas las mujeres son iguales. Mientras solamente tienen la sortija de com- 15 promiso son unas santas. Pero después de conseguir el anillo de matrimonio, cambian.

Además, en cuanto a comer, no puedo pedir más. Todas las noches voy a un restaurante diferente. Durante la semana pasada comí platos chinos, platos 20 franceses y dos clases de pizza italiana. Así se debe vivir. Cuando se casó mi amigo Antonio, pensaba que iba a tener comidas caseras todas las noches. ¡Qué va! Su mujer le abre una lata o le calienta una comida congelada "T.V.". Está comiendo ahora peor 25 que nunca. Cada vez que traga un bocado, echa de menos su vida de soltero.

Pero. . . . Drucilda no es así. Le gusta cocinar. Siente cierto orgullo en la preparación de las comidas. Pero, ¿qué importa eso? Va a ser influída por todas 30 las demás. ¡No, no vale la pena casarse!

Ahora sí que vivo como un rey. Los fines de semana no tengo que quedarme en casa como un prisionero. Cada sábado salgo con una chica diferente. Fiestas, bailes, viajes de esquiar — hay miles de acti- 35 vidades. Cuando llega el fin de semana, mis amigos "felizmente casados" no se atreven a poner un pie

tener 30 años *to be 30 years old*
tener prisa *to be in a hurry*
el piso de soltero *bachelor apartment*

dar gusto *to be a pleasure*

el botón *button*

la sortija de compromiso *engagement ring*
el anillo de matrimonio *wedding band*

¡qué va! *no way! come on!*
congelado *frozen*
peor que nunca *worse than ever*
tragar *to swallow*
echar de menos *to miss*
¿qué importa eso? *what does that matter?*

esquiar *to ski*

atreverse *to dare*

fuera de la casa. Pasan todos los días trabajando como perros para ganarse la vida, y al regresar a casa, no tienen ni un momento de paz. Están rodeados de no sé cuántos chiquillos.

ganarse la vida   *to earn a living*

chiquillo   *brat*

5 — Papá, yo quiero esto. Papá, dame eso. Papá, ¿por qué no juegas conmigo? — ¡No señor! Esa vida no es para mí. Yo nací un hombre libre, y moriré un hombre libre. ¡Yo me quedo soltero para siempre!

10 *Voz del cura que le despierta a la realidad*
— Pascual Pérez, ¿toma Vd. a esta mujer, Drucilda Delgado, por esposa?
— Sí.
— Y Vd., Drucilda Delgado, ¿toma Vd. a este
15 hombre, Pascual Pérez, por marido?
— Sí.
Por la autoridad delegada a mí, y por las leyes de este estado, yo les declaro marido y mujer.

TORCUATO DELGADO ALCORNOQUE
20   y
MAGNOLIA HIDALGO DE DELGADO

tienen el honor de participar
a usted el enlace de su hija
DRUCILDA MIRTA

el enlace = la boda, el matrimonio

25   *con el señor*
PASCUAL PÉREZ PIEDRA
y tienen el gusto de invitar a usted
y a su distinguida familia
a la ceremonia religiosa que se celebrará
30 *el día 28 del presente a las 2 de la tarde*
en la iglesia del Santo Espíritu
Oficiará el padre Aldeasanta

oficiar   *to officiate*

Ejercicios

A   Preguntas

Conteste según la lectura.

1   Pascual es un   a) soltero   b) feliz casado   c) cura   d) viejo.
2   Nuestro héroe tiene un apartamento   a) lleno de discos   b) como un restaurante   c) con todo lo que necesita   d) sin alfombras.
3   A Pascual no le gusta comer   a) la comida francesa   b) la pizza italiana c) la comida congelada   d) la comida variada.
4   Cada sábado los hombres casados   a) salen con chicas diferentes   b) van a bailar   c) viven como reyes   d) se quedan en casa.
5   Al fin, el hombre   a) se escapa   b) toma el paso decisivo   c) se divorcia d) vuelve a su mamá.

B   *Conteste según su reacción personal.*

1   ¿Por qué le gustaría a Vd. comer en restaurantes diferentes?
2   ¿Es mejor casarse o vivir solo? ¿Cuál ofrece más ventajas?
3   ¿Cuándo debe casarse uno?
4   ¿Pierde su libertad una persona casada?
5   ¿Cómo debe ayudar a su mujer el hombre de la casa?

C   Modismos

Escoja la expresión en español relacionada con cada expresión en inglés.

1   *I'm in no hurry* para casarme.   a)   peor que nunca
2   Están comiendo *worse than ever.*   b)   no vale la pena
3   *It's not worth the trouble* hacerlo.   c)   da gusto
4   Trabajan mucho para *earn a living.*   d)   ganarse la vida
5   *He misses* su vida de soltero.   e)   no tengo prisa
6   *As far as eating is concerned* estoy bien.   f)   en cuanto a comer
                                               g)   echa de menos

D   Palabras análogas

Escoja la palabra en inglés relacionada con cada palabra en español.

1	calentar	a)	*piety*
2	el pie	b)	*pacific*
3	la paz	c)	*cuisine*
4	cocinar	d)	*calory*
5	la vida	e)	*vital*
		f)	*calendar*
		g)	*pedestal*

E   *Ponga los siguientes grupos de palabras en orden.*

1 noches / a / diferente / todas / restaurante / las / voy / un
2 le / su / lata / una / mujer / abre
3 todos / trabajando / pasan / días / como / los / perros
4 iba / pensaba / a / comidas / que / tener / caseras
5 menos / de / echa / vida / de / soltero / su

F   Diálogo incompleto

María y Sonia hablan acerca del matrimonio. Complete el diálogo siguiente.

María — ¿Por qué tardas tanto en decidir si casarte o no?
Sonia . . .
María — La vida de soltera no es mejor que la de casada.
Sonia . . .
María — Sí, pero es bueno tener con quien compartir las experiencias.
Sonia . . .
María — No es lo mismo ver a alguien una o dos veces por semana que todos los días.
Sonia . . .
María — Además, hay que poner en práctica lo que aprendimos en economia doméstica.
Sonia . . .

G

¿Quiere Ud. encontrar a la persona de sus sueños?
Nuestros métodos científicos pueden ayudarle.
Envíe la descripción de su persona ideal a la agencia
AMOR SIN DOLOR

Responda a este anuncio. Mencione algunas de las características siguientes.

guapo   inteligente   alto   trabajador   rico   cariñoso   pequeño
joven   honesto   amable   calvo   valiente   limpio   fuerte
hablador   sentimental   cortés   callado   chistoso   delgado
atlético   alegre   considerado   simpático

La fiesta: *los globos, la piñata, la torta, los refrescos, los dulces, los invitados,*
el regalo *el cumpleaños, un salto de alegría, gritar felicidades, la sorpresa*

20
Nadie me quiere

Para Manolo levantarse temprano para ir a la escuela
es siempre un martirio. A menudo su mamá tiene que
sacarlo de la cama a la fuerza. Sin embargo, hoy no
es día común y corriente. Pero, ¿por qué?, ¿qué tiene
este día de especial? ¿Por qué se levanta Manolo
antes que nadie en la casa?, ¿por qué se lava detrás
de las orejas y se pone su mejor traje? Todas estas preguntas pueden contestarse con una palabra:
¡CUMPLEAÑOS!
   Sí, señor. Hoy hace doce años que Manolo vino a
este mundo, y se siente todo un hombre. Mientras se
viste, se acuerda de la celebración del año pasado.
Sus padres, su hermana y todos sus amigos le dieron
una fiesta de cumpleaños magnífica con música, refrescos, y una torta deliciosa, globos y una piñata en
la forma de un avión, llena de dulces y de sorpresas.
¿Qué sucederá este año?
   Manolo, que cree en la astrología, decide consultar
su horóscopo:

el martirio = la tortura

a la fuerza *by force*

común y corriente = ordi-
   nario

PISCIS (*20 de febrero–21 de marzo*)
Vd. ha trabajado mucho durante todo
el año. Necesita un descanso largo.
No acepte nuevo trabajo.

el descanso *rest*

ARIES (*22 de marzo–20 de abril*)
No dé ningún paso sin pensarlo bien.

TAURO (*21 de abril–21 de mayo*)
No deje pasar ninguna oportunidad.
Es hora de tomar decisiones.

es hora de *it's time to*

GÉMINIS (*22 de mayo–21 de junio*)
Tenga paciencia. Dentro de poco
realizará sus sueños.

realizar　*to realize* (*a
dream or ambition*), *to
fulfill*

CÁNCER (*22 de junio–23 de julio*)
No haga planes de viajes. Las oportu-
nidades se presentarán pronto.

LEO (*24 de julio–23 de agosto*)
Es tiempo de conocer a nuevos amigos.

VIRGO (*24 de agosto–23 de septiembre*)
Sea práctico. No pierda su tiempo en
cosas tontas.

sea　*be* (*command*)

LIBRA (*24 de septiembre–23 de octubre*)
Recibirá informes confidenciales que
afectarán su vida.

ESCORPIÓN (*24 de octubre–22 de
noviembre*)
Gaste dinero con prudencia.

SAGITARIO (*23 de noviembre–22 de
diciembre*)
Cuidado con el dinero. Puede causarle
alguna dificultad.

CAPRICORNIO (*23 de diciembre–20
de enero*)
Sea perseverante y tendrá éxito.

tener éxito　*to be successful*

ACUARIO (*21 de enero–19 de febrero*)
Puede contar con sus amigos y con
sus familiares.

los familiares = miembros
de la familia, parientes

A ver qué dice mi signo de Acuario, piensa Manolo.
Magnífico, sé que puedo contar con todos.

Orgulloso y lleno de entusiasmo, va al comedor,
donde encuentra a toda la familia sentada alrededor
5 de la mesa desayunando ya.

— Buenos días a todos — dice Manolo. — Es un
día fantástico, ¿verdad? —

— Es un día como otro cualquiera. Hay que trabajar y sudar para ganarse la vida — contesta el
10 padre.

— Manolo, — interrumpe la mamá — no molestes
a tu padre y siéntate a comer. —

— ¡Mira qué guapo está! — exclama Anita, la hermana mayor. — Parece que va a bailar en vez de ir
15 a la escuela. —

Manolo se siente deprimido. Nadie se acuerda de
que hoy es su cumpleaños. Terminado el desayuno,
su padre y Anita se van a trabajar sin decir nada.
Manolo, a punto de salir, le dice a su madre:

20 — Pero mamá, ¿no te acuerdas qué día es hoy?

— Sí, hoy es viernes y si no te apuras vas a llegar
tarde a la escuela, como de costumbre.

Desilusionado, Manolo se despide de su familia y sale
de la casa. — "Ya nadie me quiere — piensa Manolo,
25 — ¿qué se puede esperar de la tonta de mi hermana?,
pero ¡mis padres! ¿Cómo pueden haberse olvidado?
Mis amigos no se olvidarán tan fácilmente. Yo sé
que puedo contar con ellos." Pero, ¡oh mundo ingrato y cruel! Absolutamente nadie menciona ni una
30 palabra. Hasta sus compañeros lo han traicionado y
Manolo vuelve a casa triste y desengañado pensando
para sí: "No importa que nadie se acuerde. De todas
maneras yo no quería regalos ni fiesta de cumpleaños.
Ya yo soy un adulto y no necesito ninguna de estas
35 cosas." De pronto oye la voz de su mamá;

— ¡Manolo . . . Manolito, ven acá!

"Ajá — piensa Manolo — por fin alguien se ha
acordado. Ya lo dijo el horóscopo."

— Hazme el favor de ir conmigo a casa de los
40 Mendoza a recoger un paquete. —

— Está bien — responde pensando al mismo
tiempo — "por lo menos sirvo para cargar paquetes."

orgulloso *proud*

sudar *to sweat*

deprimido *depressed*

apurarse = (América la-
tina) apresurarse, darse
prisa
como de costumbre *as
usual*

traicionar *to betray*
desengañado *discouraged*

La señora Mendoza abre la puerta y dice:
— Aquí tienes la caja, Manolito. Ábrela para que
veas qué cosa más bonita.

Al abrirla, Manolo da un salto de alegría. Es una
enorme torta de cumpleaños. Las puertas se abren
por toda la casa y entran todos gritando — ¡Felicidades Manolo! ¡Feliz cumpleaños! Ya ves que siempre puedes contar con tus amigos. —

dar un salto = saltar *to jump*

Ejercicios

A   Preguntas

Conteste según la lectura.

1   ¿Cuántos años ha cumplido Manolo?
2   ¿Qué había el año pasado el día de su cumpleaños?
3   ¿Qué hace todo el mundo cuando entra Manolo en el comedor?
4   ¿Por qué tiene que ir Manolo a la casa de los Mendoza?
5   ¿Qué grita todo el mundo?

B   *Conteste según su reacción personal.*

1   ¿Cuál es el día de su cumpleaños?
2   ¿Va a tener una fiesta?
3   ¿Qué hay en una fiesta de cumpleaños?
4   ¿Qué quiere recibir como regalo?
5   ¿Son las fiestas sólo para niños, o para mayores también?

C   Vocabulario

Escoja la palabra que no tiene relación con las otras palabras.

1   refrescos / globos / tortas / piñatas / trajes
2   levantarse / lavarse / vestirse / dormirse / desayunar
3   hombre / señor / adulto / guapo / niño
4   triste / compañeros / desengañado / orgulloso / deprimido
5   grita / responde / contesta / gana / interrumpe

D   *Ponga las oraciones siguientes en el orden en que ocurrieron.*

1   Manolo se acuerda de la fiesta del año pasado.
2   Su madre le dice que recoja un paquete.
3   Ninguno de sus amigos se acuerda de su cumpleaños.
4   Manolo se levanta temprano.
5   Todo el mundo está en casa del vecino.
6   Va al comedor donde encuentra a toda la familia.

E

JIMENA LA GITANA

¿No quiere saber su fortuna? Ahora puede consultar a la gitana. Primero cuente las letras de su nombre. Si el número de letras es de seis o más, quítele 4. Si el nombre es menos de seis, añádale tres. Con el número mágico que resulta, anote en un papel todas las letras, de izquierda a derecha, de las cartas de Jimena.

Directions: Count the letters in your last name. If the number of letters is six or more, take away four. If the number of letters is less than six, add three. This is your magic number. Starting in the upper left-hand corner and moving across, write down, in order, all the letters that appear under this number.

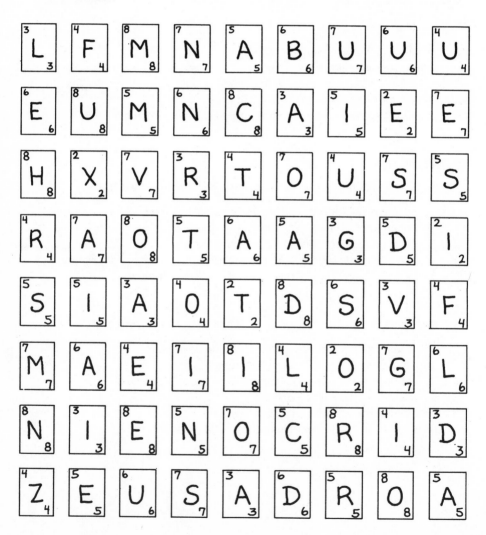

F Diálogo incompleto

Antonio y Graciela planean una fiesta de sorpresa para su amiga Carlota. Complete el diálogo siguiente.

Graciela — ¿Cómo podemos informar a todo el mundo y guardar el secreto?
Antonio . . .
Graciela — Bueno, yo hablaré con las muchachas. ¿Dónde va a ser la fiesta?
Antonio . . .
Graciela — Yo me encargo de la decoración. ¿Qué debo comprar?
Antonio . . .
Graciela — No te olvides de la torta. ¿Cuándo la vas a comprar?
Antonio . . .
Graciela — Necesitamos música para bailar.
Antonio . . .

La cocina: *la leche condensada, el huevo, la harina, el cuenco, el molde, el libro de recetas, el cucharón *separar los huevos, mezclar los ingredientes, la masa, echar en un molde, meter en el horno*

21
El amor entra por la cocina

Todas sus amigas le habían dicho a Petronila Lentes que si quería conquistar a Casimiro de una vez por todas, tendría que utilizar el recurso femenino infalible: capturar su corazón a través del estómago. Quizás ésta sea la noche en que pida su mano. Durante los últimos cinco años, Casimiro Buenavista ha cenado en casa de los Lentes todos los sábados, y todavía no ha dado el paso decisivo. Para darle el último empujón, Petronila va a mostrarle que es una buena ama de casa, preparándole su torta de chocolate favorita.

Después de mucho buscar, encuentra la receta en uno de sus libros de cocina.

de una vez por todas *once and for all*

el empujón   *the push*

TORTA DE CHOCOLATE

Ingredientes:

4	cucharadas de mantequilla
$\frac{1}{2}$	cucharadita de extracto de vainilla
$1\frac{1}{2}$	tazas de azúcar blanca
2	yemas de huevos bien batidas
3	tazas de harina
4	cucharaditas de polvo de hornear
$\frac{1}{2}$	cucharadita de sal
1	taza de leche
2	claras de huevos batidas
2	onzas de cocoa

Póngala en el horno a 350°F. por una hora.

la cucharada   *spoonful*

la yema   *yolk*
la harina   *flour*
el polvo de hornear   *baking powder*

la clara del huevo   *egg white*

— Con esta torta Casimiro va a volverse loco de alegría. Estoy segura de que al probar un pedazo de esta torta deliciosa, no podrá resistir más y me pedirá

volverse   *to become*
probar   *to taste*

143

que sea la futura Petronila Lentes de Buenavista —
piensa Petronila a la vez que se pone a preparar la
torta.

— Esta receta parece facilísima. Prepararla va a
5 ser un juego de niños — dice para sí.

A ver, cuatro cucharadas de mantequilla. Bueno,
no tengo mantequilla, pero supongo que aceite será
igual. Los dos son grasas, ¿no? — Y echa una taza
de aceite en el cuenco.

10 — ¿Vainilla?, no queda más. Así que tendrá que
ser sin vainilla. Como estamos más o menos a
dieta, voy a utilizar sacarina en vez de azúcar. — Y | **la dieta** *diet*
echa un frasco de tabletas en la mezcla. — Tampoco | **un frasco** *bottle*
veo por qué hay que separar las claras de las ye- | **la mezcla** *mixture*
15 mas. — Mientras bate los ingredientes, sigue leyendo
— Leche fresca. Se acabó la leche, pero me parece | **acabarse = terminarse** *to*
. . . sí, aquí está la lata de leche condensada que | *end*
mamá guarda para casos de emergencia, como éste. —
Abre la lata y echa casi todo el contenido en el
20 cuenco.

Cuando lo único que le falta es añadir la cocoa, se | **añadir** *to add*
da cuenta de que lo único que tiene es chocolate dulce | **darse cuenta** *to realize*
y añade media docena de pastillas, ya que a Casimiro
le encanta el chocolate.
25 Termina de mezclar todos los ingredientes. Echa
la masa en los moldes y los mete en el horno.

Una hora más tarde, al probar su obra maestra, se
agarra la garganta y exclama — ¡Ay dios mío! Esto
no se puede comer. ¡Qué fracaso! Y Casimiro va a | **el fracaso** *failure*
30 llegar dentro de diez minutos. — Sin tardar ni un
segundo, Petronila corre a la repostería y vuelve con | **la repostería** *pastry shop*
una torta de chocolate en el momento en que suena el
timbre.

— Pasa, Casimiro. La mesa ya está puesta y tengo
35 una sorpresa para ti. —

— Y yo tengo algo para ti — responde Casimiro
dándole una caja, — después de la cena podemos dis-
frutar de esta torta de chocolate que he traído. | **disfrutar de = gozar de**

Ejercicios

A   Preguntas

Conteste según la lectura.

1   ¿Cómo piensa capturar Petronila el amor de su novio?
2   ¿Cuántos años hace que Casimiro cena en casa de Petronila?
3   ¿Cuál es la torta favorita de Casimiro?
4   ¿Qué substituye Petronila por azúcar y leche fresca?
5   Al probar la torta, ¿qué hace Petronila?

B   *Conteste según su reacción personal.*

1   ¿Cuál es su torta favorita?
2   ¿Dónde se pueden comprar tortas?
3   ¿Prefiere una torta comprada o una hecha en casa por su mamá?
4   ¿Por qué es peligroso para una persona gorda entrar en una repostería?
5   ¿Por qué es bueno saber cocinar?

C   *Corrija los errores en las oraciones siguientes.*

1   Casimiro va a cenar en casa de Petronila por primera vez.
2   Petronila cree que la receta es muy difícil de preparar.
3   Petronila sigue las instrucciones de la receta.
4   La torta queda deliciosa.
5   Casimiro viene con las manos vacías.

D   *Complete con la mejor palabra o expresión.*

1   Encontramos una yema y una clara en un . . .
2   En un . . . podemos hacer una torta o un rosbif.
3   El aceite y la mantequilla son . . .
4   Si queremos hacer algo dulce, usamos . . .
5   En la . . . se venden tortas y pasteles.

E   *Escoja la frase que mejor complete cada oración.*

1 Casimiro todavía no . . .	a) tengo una sorpresa.
2 Petronila se pone a . . .	b) confeccionar la torta.
3 Se da cuenta que . . .	c) lo mete en el horno.
4 Echa la masa en el molde y . . .	d) ha dado el paso decisivo.
5 La mesa está puesta y . . .	e) lo único que tiene es chocolate dulce.

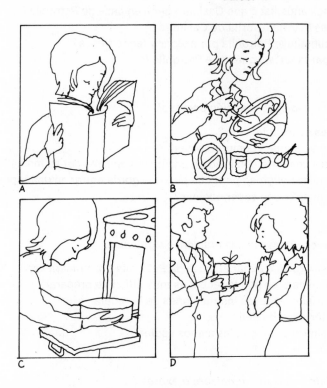

F   *Escoja la mejor descripción de cada dibujo.*

1 Casimiro trae una caja.
2 Petronila pone la torta en el horno.
3 Petronila se agarra la garganta.
4 Petronila encuentra la receta.
5 Petronila prepara la torta.

G **Diálogo incompleto**

Brunilda y Jimena hablan acerca de cosas de cocina. Complete el diálogo siguiente.

Brunilda — Quiero preparar algo especial para mi marido. ¿Tienes una receta buena?

Jimena . . .

Brunilda — Pero, ¿una torta no requiere muchos ingredientes? ¿Qué necesito?

Jimena . . .

Brunilda — ¿Qué hago después?

Jimena . . .

Brunilda — ¿Cuánto tiempo debe de estar en el horno?

Jimena . . .

Brunilda — Espero que salga bien.

Jimena . . .

El circo: *el vaquero, el payaso, el músico, la música, el caballo, el león, el mono, el puesto de refrescos, el perro caliente, el helado, las rositas de maíz, la ta-*

quilla, la entrada, la lista de precios *estar montado (en), comprar, comer, bailar, escuchar

Repaso y Recreo

A   *Describa lo que se pasa en el dibujo.*

B   *Escoja según el dibujo la expresión que mejor complete cada oración.*

    1   El niñito tiene dos . . . en la mano.
    2   El vaquero está montado en un . . .
    3   En el puesto de refrescos se pueden comprar . . . , y . . .
    4   La chica come un . . . de chocolate.
    5   . . . están bailando.
    6   Todo el mundo ríe del . . .
    7   En la jaula hay un . . . feroz.
    8   Compran billetes en la . . .
    9   Durante la función se escucha . . .
   10   Los precios están escritos en un . . .

C   *Combine la acción con el substantivo más apropiado.*
(Match the action with the noun.)

1	manejar	a)	un refresco
2	bajar de	b)	un cigarillo
3	alquilar	c)	un tren
4	llamar a	d)	la pelota
5	tomar	e)	la puerta
6	fumar	f)	el coche
7	jugar a	g)	la televisión
8	encender	h)	un apartamento
9	poner	i)	la radio
10	quitarse	j)	las maletas
11	sacar	k)	la lengua
12	desempaquetar	l)	la camisa
13	montar	m)	el césped
14	cumplir	n)	quince años
15	pisar	o)	una bicicleta

D   Acróstico   (Solución al final del libro)

By taking the first letter of each word, you will get a sentence that describes something that's happening in the picture on page 149.

1 Líquido blanco que obtenemos
   de la vaca – – – – –

2 Metal amarillo muy valioso – – –

3 Plato que se come antes de la
   carne – – – –

4 Camarero, mesero – – – –

5 Sigue las reglas; hace lo que le
   mandan – – – – – – –

6 Lo contrario de día – – – – –

7 Lo hace de nuevo; lo hace
   – – – – vez

8 Mueble de la sala donde varias
   personas pueden sentarse a la
   vez – – – –

9 Los refrescos y el vino vienen
   en – – – – – – – –

10 Sentimiento de una persona hacia otra – – – –

11 Puerto Rico, Cuba, Jamaica
    – – – – –

12 Marisco – – – – – – – –

13 Hay muchos en el zoo y en el
    circo – – – – – – – –

14 Programa de información
    – – – – – – – – –

E **Crucigrama pictórico** (Solución al final del libro)

By adding and subtracting the letters in the names of objects pictured below, you should have a word that fits exactly into the number of empty squares.

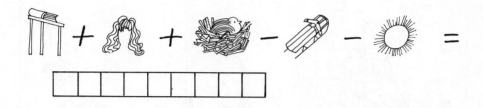

Hint: Sale todos los días

Hint: Sirve para jugar

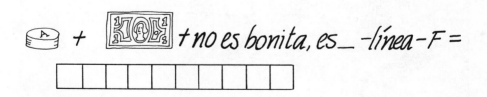

Hint: Limpia la casa

El supermercado: *la carne, la salsa de tomate, el cereal, el jabón, las uvas, la cebolla, la carretilla, la caja registradora *comprar, hacer mandados, la lista de mandados, el precio, la vuelta, sobrar*

22
¡Qué precios tan altos!

Es viernes por la tarde. Jaimito acaba de llegar de la escuela y trata de no hacer ningún ruido. Él sabe muy bien que si su mamá lo agarra, tendrá que ir de compras al supermercado. Está a punto de escaparse
5 cuando oye esa voz tan familiar:

— ¡Jaimitooo!. Cámbiate de ropa. Tienes que hacer unos mandados.

— Pero mamá, me están esperando mis amiguitos para jugar a la pelota.

10 — Tus amiguitos pueden esperar. No son más que una pandilla de holgazanes que no hacen más que matar el tiempo en el parque. Primero ayúdame.

— ¿Por qué soy yo el que tiene que ir siempre? Por qué no mandas a Filiberto?

15 — Porque tú eres el mayor. No me repliques más. Aquí tienes la lista de mandados. Yo tengo que salir y cuando vuelva quiero ver todo en la cocina. Toma diez dólares; con lo que sobre cómprate lo que quieras.

una libra de carne molida
20 media libra de tocino
2 latas de salsa de tomate
una caja de cereal de trigo
1 pomo de café instantáneo
2 rollos de papel higiénico
25 3 pastillas de jabón
una caja de detergente en polvo
una caja de galletas de soda
1 lb. de macarrones
2 rollos de papel de toalla
30 1 litro de leche
1 racimo de uvas (no más de una libra)
3 lbs. de cebollas
2 latas de jugo de naranja concentrado
media docena de panecillos
35 una caja de hojuelas de maíz

ir de compras *to go shopping*

cambiarse de ropa *to change clothes*
hacer mandados *run errands*

el holgazán = hombre perezoso

sobrar *to be left over*

molida *ground*
tocino *bacon*

el trigo *wheat*
el pomo *jar*

la pastilla *bar*
el jabón *soap*
la galleta *biscuit, cracker*

la toalla *towel*

el racimo *bunch (of grapes)*

la naranja *orange*

el panecillo *roll*
la hojuela de maíz *corn flake*

Jaimito examina la lista cuidadosamente y se da cuenta de que no va a sobrar casi nada de los diez dólares. — ¡Qué va! — dice para sí. — No quiero perder toda la tarde haciendo mandados. ¿Qué puedo
5 hacer?

De repente se le ocurre una idea brillante y llama a su hermanito:

— ¡Filiberto! Ven acá.

Por la puerta aparece un muchacho gordito, de unos
10 once años, que nunca ganaría un premio de inteligencia.

— Filiberto, ¿qué tal te gustaría poder comprar lo que quieras?

— Me gustaría mucho, pero ¿con qué?

15 — Mira, mamá dejó esta lista de mandados con diez dólares. Con la vuelta podrás comprar algo bueno.

— Oye Jaimito, esa lista parece bastante larga. ¿Estás seguro de que va a sobrar dinero?

20 — No te preocupes. Estoy seguro de que va a sobrar por lo menos un dólar. Yo sé los precios. Confía en mí.

Filiberto sale muy contento pensando en los dulces que va a comprar, y Jaimito se va a jugar con sus
25 amigos, satisfecho.

Una hora más tarde, Jaimito vuelve del parque y encuentra a Filiberto sentado frente al televisor, a punto de abrir un paquete enorme de bombones. Asombrado de lo que ve, le pregunta a su hermano:
30 — ¿Cómo pudiste comprar esos chocolates? ¿Cuánto fue la cuenta?

— Mira, puse todas las cosas en la carretilla, me paré en cola y esperé. Cuando llegué a la caja registradora puse los mandados sobre el mostrador
35 y el dependiente sumó los precios. El total fue nueve noventa.

— Pero con diez centavos es imposible comprar un paquete tan grande.

— ¿Quién lo compró? Aquí tengo los diez cen-
40 tavos. Resulta que esta semana, con cada compra de nueve cincuenta o más, el supermercado está regalando una libra de bombones absolutamente gratis.

Y sonriendo de oreja a oreja, comienza a devorar los dulces.

cuidadosamente = con cuidado

gordito   *plump*

la vuelta   *the change*

por lo menos = al menos
at least

asombrado   *amazed*

la cuenta   *bill*

resulta que   *it happens that*

Ejercicios

A Preguntas

Conteste según la lectura.

1 En vez de ir de compras, ¿qué quiere hacer Jaimito?
2 ¿Qué frutas debe comprar?
3 Describa a Filiberto.
4 Cuando regresa Jaimito, ¿qué está haciendo su hermano?
5 ¿Cuánto costó el paquete de dulces?

B *Conteste según su reacción personal.*

1 ¿Cuáles son las ventajas de comprar en un supermercado?
2 ¿Cuáles son las ventajas de comprar en una tienda pequeña?
3 ¿Qué se usa en un supermercado para transportar las compras?
4 ¿Prefiere hacer las compras poco a poco o todas en un día? ¿por qué?
5 Haga una lista de las cosas que hay que comprar todas las semanas.

C Sinónimos

Escoja el sinónimo de cada palabra indicada.

1 *examina* / compra / revisa / se da cuenta / aparece
2 *enorme* / grande / lleno / caro / barato
3 *obsequiar* / comprar / sonreír / sumar / regalar
4 *mandar* / enviar / ocurrir / ganar / jugar
5 *golosinas* / mandados / rollos / dulces / libras

D Antónimos

Escoja el antónimo de cada palabra indicada.

1 *gordo* / alto / flaco / inteligente / mayor
2 *larga* / corta / cara / alta / buena
3 *sobrar* / ganar / comprar / faltar / costar
4 *holgazanes* / jugadores / jóvenes / viejos / trabajadores

E   *Combine cada producto con la forma en que se compra.*
(Match each product with the way it is found in the store.)

Medida

1   una caja
2   un rollo
3   una pastilla
4   un litro
5   una lata
6   una libra
7   un pomo
8   un racimo
9   una docena

Artículo

a) de carne
b) de salsa de tomate
c) de cereal
d) de café
e) de papel higiénico
f) de jabón
g) de detergente en polvo
h) de leche
i) de uvas
j) de jugo de naranja
k) de panecillos

F   *Ponga los siguientes grupos de palabras en orden.*

1   escuela / llegar / Jaimito / de / acaba / la / de
2   no / más / matar / tiempo / hacen / en / el / que / el / parque
3   que / aprieto / de / tengo / este / salirme
4   Filiberto / al / encuentra / frente / a / sentado / televisor / Jaimito
5   mandados / puse / mostrador / los / el / sobre

G   **Diálogo incompleto**

Jaimito trata de convencer a Filiberto para que vaya al supermercado. Complete el diálogo siguiente.

Jaimito — Aquí está la lista de mandados.
Filiberto . . .
Jaimito — No es tanto como parece. Además, con la vuelta puedes comprar lo que quieras.
Filiberto . . .
Jaimito — Bueno, aquí tienes otro dólar. Pero no digas nada a mamá.
Filiberto . . .
Jaimito — Está bien, te llevo en mi bicicleta.
Filiberto . . .
Jaimito — Filiberto, si te sobra dinero recuerda que yo te dí un dólar.

H   *Escoja la mejor descripción de cada dibujo.*

1   Jaimito llega a la escuela.
2   Filiberto espera en cola en el supermercado.
3   Jaimito y sus amigos juegan.
4   Filiberto sonríe y come sus chocolates.
5   Filiberto entra en el cuarto.
6   La mamá da la lista de mandados a Jaimito.

La ropa: *la falda, las botas, el cinturón, el traje, la camisa, los pantalones, la chaqueta, los zapatos, la corbata *estar a la moda, ir bien, estar muy chic, ¿En qué puedo servirle? ¿Qué se le ofrece?*

23
El cliente siempre tiene razón

A las tres y media en punto, Wilfredo se presentó para comenzar su trabajo en el almacén "El Bien Vestido". Esta tienda se especializa en ropa para toda la familia.

5   — Sé muy bien, Wilfredo — dice el gerente — que el primer día siempre es algo difícil. Pero estoy seguro de que tendrás mucho éxito. Recuerda solamente que debes tener paciencia, y que el cliente siempre tiene razón. —

10   — No se preocupe, Don Pánfilo. Con lo mucho que sé acerca de ropa y de moda, todos los clientes saldrán satisfechos. —

El primer cliente, o mejor dicho, los primeros clientes, no tardaron mucho en aparecer. Por la puerta entró
15 una señora seguida de su hijo, un muchacho de unos trece años, pelirrojo y pecoso, con una expresión estúpida en la cara.

   — Buenas tardes, señora. ¿En qué puedo servirles?

   — Mi hijo Baldomero tiene una fiestecita de cum-
20 pleaños el domingo que viene. Necesita un par de pantalones, una chaqueta sport, zapatos y calcetines.

   Baldomero — Sí, de esos pantalones multicolores, y la chaqueta de ocho botones con cinturón. —

25   — De eso nada. No vas a vestirte de payaso como los "chicos ye-yé" que andan por ahí.

   — Pero mamá . . .

   — Señora, me parece que su hijo sabe lo que quiere. Además, está a la moda.

30   — Oigame, joven. No me hacen falta sus opiniones. Baldomero, vamos a otra tienda donde nos vendan ropa sin consejos.

---

el almacén   *store, department store*

el gerente   *manager*

mejor dicho   *rather*
tardar en   *to take long in*

pelirrojo = de pelo rojo
pecoso   *freckled*

fiestecita = una pequeña fiesta
el domingo que viene = el domingo próximo
los calcetines   *socks*

el payaso   *clown*

hacer falta = necesitar

el consejo   *advice*

Antes de que Wilfredo pueda recuperarse del incidente entra un matrimonio de mediana edad y él los atiende.

— Muy buenas. ¿Qué se le ofrece?

5 — Buenas, joven. Quiero un traje color vino con chaleco, y un abrigo de lana gris.

— Leopoldo, tú sabes bien que no puedes usar chaleco a causa de esa barriga que tienes y que el color gris no te va bien.

10 — Perdone, señora, pero me parece que su marido tiene razón. Hoy día se usan mucho los chalecos y el color gris va con todo.

— No sea insolente, joven. Yo sé muy bien lo que queremos. ¿No es cierto Leopoldo?

15 — Claro, mi amorcito. (*a Wilfredo*) ¿Cómo se atreve a llevarle la contraria a mi mujer? (*a ella*) Vamos a otra tienda donde lo traten a uno con cortesía.

El gerente, molesto y perturbado por lo que ha sucedido, llama a Wilfredo a un lado y le dice:

— Wilfredo, yo sé que no tienes mucha experiencia como vendedor, pero no puedes olvidar una cosa: el cliente siempre tiene razón. Tienes que darle al cliente lo que él pida por ridículo que te parezca.

25 ¿De acuerdo?

— ¡De acuerdo!

En ese instante aparece en la puerta una mujer, mayor de edad e increíblemente grande. Tiene unos seis pies de estatura y mide tanto de ancho como de

30 alto.

— Joven, tengo una cita para ir a una discoteca y . . .

— Ah — *interrumpe Wilfredo* — usted es aficionada a los discos.

35 — No, nada de eso. Es una de esas discotecas donde se baila. Me gustaría una mini-falda de seda amarilla.

— ¡Fantástico!

— También botas verdes hasta la rodilla.

40 — ¡Muy buena idea!

— Y un poncho rojo brillante. ¿No le parece que voy a estar vestida muy chic?

---

el matrimonio = una pareja casada

¿qué se le ofrece? *what can I do for you?*

el abrigo *overcoat*

a causa de = por *because of*

la barriga = el estómago *belly*

ir bien *to agree, to be becoming*

atreverse *to dare to*

llevar la contraria *to contradict*

de acuerdo *agreed*

mide (infin. medir *to measure*)

la seda *silk*

la rodilla *knee*

— Claro que sí, señora — responde Wilfredo conteniendo la risa, — usted ha escogido el último grito
de la moda. Se ve que usted tiene muy buen gusto.
— Ay, muchas gracias, joven, es usted muy amable.
5 De ahora en adelante compraré toda mi ropa aquí.

el último grito de la moda
the latest fashion

Wilfredo ha aprendido bien su lección y no pierde ni
una venta durante el resto del día. Antes de irse ve
a don Pánfilo:
—Bueno, don Pánfilo, siento mucho los errores que
10 cometí hoy. Mañana trataré de vender más.
— ¿Más? — exclama don Pánfilo. — ¡Has ven-
dido tantos artículos que no se vendían, que el dueño
ha decidido darte un aumento de sueldo!

<table>
<tr><td colspan="2" align="center">ALMACENES **EL BIEN VESTIDO**

GRAN VENTA DE LIQUIDACIÓN
DE OTOÑO

¡FANTÁSTICAS REBAJAS!

Compare Nuestros Precios Y Se Convencerá</td></tr>
<tr><td>TRAJES PARA CABALLEROS

Originalmente Ahora
$125 $49.99</td><td>CALCETINES PARA NIÑOS

Antes: *Ahora:*
3 pares $0.19
por $1   el par</td></tr>
<tr><td>PAÑUELOS DE ALGODÓN

Orig. $2.50 la doc.
Ahora $0.97 la doc.</td><td>CAMISAS DE VESTIR

Orig.   *Ahora*
$5.95   2 × $7.00</td></tr>
<tr><td>ZAPATOS DE MUJER
  IMPORTADOS
Orig.   *Ahora*
$13.95 $8.75</td><td>GUANTES DE PIEL

Orig.   *Ahora*
$4.50 $2.99</td></tr>
<tr><td colspan="2" align="center">*APROVECHE Y ECONOMICE CON*
NUESTRAS FABULOSAS GANGAS</td></tr>
</table>

el almacén *store*

la rebaja *discount*

el traje *suit*
el calcetín *sock*

el pañuelo *handkerchief*
el algodón *cotton*
la camisa de vestir *dress shirt*

el guante de piel *leather glove*

aprovechar *to profit from, to take advantage of*
la ganga *bargain*

Ejercicios

A   Preguntas

Complete según la lectura.

1   La tienda en que trabaja Wilfredo se especializa en . . .
2   Baldomero necesita ropa nueva porque va a . . .
3   Según su mujer, Leopoldo no debe usar chaleco a causa de . . .
4   La mujer que quiere la mini-falda tiene una cita para ir a . . .
5   Por ser tan buen vendedor, el dueño le dió a Wilfredo un . . .

B   *Conteste según su reacción personal.*

1   ¿Qué clase de ropa lleva Vd. cuando va a una fiesta?
2   ¿Cree Vd. que se debe cambiar la moda todos los años? ¿por qué?
3   ¿Debe tener la ropa de hombre tantos colores como la ropa de mujer?
4   ¿Llevaría Vd. la ropa que no le gusta, simplemente porque está de moda?
5   ¿Qué se pone Vd. durante el verano?

C   Modismos

Escoja el sinónimo de cada expresión indicada.

1   ¿Vamos a las tres en punto? ¿De acuerdo?   a)   de ninguna manera
2   *¿En qué puedo servirle?*   b)   es evidente
3   El color gris no *te asienta.*   c)   tiene mucho éxito
4   *Se nota* que tiene muy buen gusto.   d)   ¿Está bien?
5   *De ahora en adelante,* compraré   e)   te va bien
      toda mi ropa allí.   f)   ¿qué se le ofrece?
6   *De eso nada.*   g)   de aquí en adelante

D   *Complete con la mejor palabra o expresión.*

1   El . . . es la persona a cargo de una tienda.
2   Un traje tiene pantalones y una . . .
3   Cuando hace frío, usamos un . . .
4   Los . . . son para las manos.
5   Durante una . . . se pueden comprar muchas gangas.

E **Frases rotas**

Escoja la expresión que completa cada oración.

1	Estoy seguro de que . . .	a)	darte un aumento de sueldo.
2	Me parece que Baldomero . . .	b)	y se convencerá.
3	Compare nuestros precios . . .	c)	tendrás mucho éxito.
4	De ahora en adelante . . .	d)	sabe lo que quiere.
5	El dueño ha decidido . . .	e)	compraré toda mi ropa aquí.

F **Diálogo incompleto**

Wilfredo atiende a un cliente en la tienda de ropa. Complete el diálogo siguiente.

Wilfredo — ¿En qué puedo servirle?
Cliente . . .
Wilfredo — Tenemos camisas de rayas, de cuadros y de color entero.
Cliente . . .
Wilfredo — ¿Desea algo más?
Cliente . . .
Wilfredo — Me parece que esta corbata va mejor con la camisa.
Cliente . . .
Wilfredo — Como Vd. quiera (*guste*). ¿Qué más desea?
Cliente . . .

La oficina: *el teléfono, el escritorio, la máquina de escribir, la carta   *há-*
game una copia de este pedido, escribir con el dedo índice, coqueta, la peluca,
las pestañas postizas

24
"Se necesita secretaria...."
comedia en un acto

Se necesita secretaria. Debe saber mecanografía y taquigrafía. Conocimiento de teneduría de libros y de la operación de máquinas de oficina útil pero no necesario. Favor de presentarse en persona en las oficinas de la compañía de exportación E. Rey, avenida Madison número 15.

5

la mecanografía *typing*
la taquigrafía *shorthand, steno*
el conocimiento *knowledge, skill*
la teneduría de libros *bookkeeping*

Personajes

ROXANA FRIJOLES — Una joven de 19 años. Lleva una peluca rubia. Es algo distraída, constantemente masticando chicle, y muy coqueta.

10 LOLA GARBANZO — Una chica de 18 años vestida de mini-falda. Lleva lentes de contacto porque sin gafas no ve bien.

masticar = mascar *to chew*
coqueta *flirtatious*
los lentes de contacto *contact lenses*

ESTRELLITA PATATAS — Una muchacha de 18 años. Lleva un número excesivo de joyas y largas pestañas postizas.

15

las joyas *jewelry*
la pestaña *eyelash*
postiza = falsa

EDMUNDO REY — Hombre distinguido de unos 35 años, presidente de la compañía, vestido elegantemente.

JUANA PLANA — Mujer de unos 30 años, poco atractiva, sin maquillaje ninguno, vestida de una manera ordinaria.

20

el maquillaje *make-up*

Escena

A la derecha, la sala de espera de la compañía Edmundo Rey. La decoración consiste en 5 butacas y una mesita. A la izquierda el despacho del señor Rey separado de la sala de espera por una pared. En escena Roxana, Lola y Estrellita sentadas en la sala de espera. En su despacho está Edmundo Rey, arreglando unos papeles.

25

el despacho *office*

ROXANA (*ajustándose la peluca*) — ¡Ay! Ahí va esta
desgraciada peluca otra vez. Si se me cae en medio
de la entrevista, no sé qué voy a hacer.

LOLA (*examinándose los ojos en un espejo*) — No te
5   preocupes. Con mis lentes de contacto azules, estoy segura de conseguir el puesto.

ESTRELLITA (*retocando su maquillaje, mira a las*   retocar   *to touch up*
otras dos con cierto desdén.) — No sean tan opti-   desdén   *scorn, contempt*
mistas. Yo no voy a tener que decir ni una palabra
10   para conseguir este trabajo.

Se oye el ruido de una puerta abriéndose. Aparece
Edmundo Rey por la puerta de su despacho.

REY (*señalando a Roxana*) — Señorita, tenga usted   tenga la bondad de = haga
la bondad de pasar y tomar asiento.   el favor de
                                              tomar asiento = sentarse

15   Roxana entra en el despacho. Rey cierra la puerta y
se sienta detrás de su escritorio.

REY — Su nombre, por favor.

ROXANA — Roxana, Roxana Frijoles. Pero usted
puede llamarme Roxanita. ¿Me permite llamarle
20   Edmundo? Es un nombre tan romántico.

REY (*visiblemente perturbado*) — Ejem, ejem. Señorita Frijoles, ¿cómo escribe Vd. a máquina?

ROXANA — Bueno. Un poco. Pero mi especialidad
es la taquigrafía.

25   REY — Muy bien. Tome dictado. (*Le da una libreta*
y un lápiz y comienza a dictar.)

"Don Ramiro Paniaguas
Calle Preciados, número 16
Madrid, España

30   Muy señor mío:

El objeto de la presente . . . . . ."

ROXANA — Discúlpeme, Edmundo. ¿Dijo Vd. "Don
Ramiro?"

REY (*Asombrado porque todavía no ha escrito ni la*   asombrado   *amazed*
35   *primera palabra*) — Ejem. Muchas gracias seño-
rita Frijoles. Espere aquí.

La acompaña a la sala de espera donde ve a Lola en
el suelo buscando uno de sus lentes de contacto.

REY — ¿Busca algo señorita?

LOLA — No, nada.

REY — Pues entonces, pase Vd. (*con un solo lente de contacto Lola no ve muy bien.*) Señorita, ¡cui-
5 dado con el cesto!

LOLA — ¿Qué ces . . . . . ? (*Tropieza con el cesto y tiene que agarrarse del señor Rey para no caerse.*)

REY (*arreglándose*) — Señorita, ¿sabe usted escribir a máquina?

10 LOLA — Claro que sí.

REY — Bueno, hágame una copia de este pedido. (*Se sienta a su escritorio y empieza a leer una carta. De pronto oye un ruido lento y monótono . . . tic . . . tac . . . tic . . . tac. Levanta la vista y ve a Lola*
15 *con un ojo cerrado buscando las teclas correctas con el dedo índice de la mano derecha.*) Gracias, señorita. Espere afuera. (*Entra Estrellita pesta-ñeando excesivamente.*) ¿Tiene Vd. algo en el ojo, señorita?

20 ESTRELLITA — ¿Yo? No. ¿Por qué?

REY — Bueno, no importa. ¿Sabe Vd. trabajar en una oficina?

ESTRELLITA — Por supuesto.

REY — Aquí tiene una lista de compras. Haga la
25 suma y calcule el seis por ciento de impuesto. (*Pasan 5 minutos.*)

ESTRELLITA — Ya lo tengo: $4,598.30.

REY — Pero, ¿cómo es posible? El total de las compras no es más de 300 dólares. (*Examina la lista*
30 *y dice para sí:* — Dios mío, esta idiota ha sumado las fechas.) Gracias, señorita. Espere afuera. (*Solo, hablando consigo mismo*) ¿Qué voy a hacer ahora? Necesito una secretaria para mañana y tengo que escoger entre una tonta que toma dictado
35 a tres palabras por hora, una idiota que escribe a máquina con un dedo y un ojo y una boba que no sabe la diferencia entre un precio y una fecha.

En ese momento, se abre la puerta y entra Juana Plana.

40 REY (*mirándola y exclamando para sí*) ¡Oh no, otra!

JUANA — Vengo por el anuncio del periódico.

REY — Bien, bien, señorita. ¿Cuántas palabras escribe por minuto a máquina?

¡cuidado con (el cesto)! *watch out for (the basket)!*
agarrarse de   *to hold on to*

el pedido   *the order (purchase)*

la tecla   *key (of a typewriter)*

pestañear = abrir y cerrar los ojos

hacer la suma = sumar
el impuesto   *tax*

la boba   *fool*

JUANA — 75 u 80.

REY (*sorprendido*) — ¿Y toma Vd. taquigrafía?

JUANA — Un poco; 150 palabras por minuto.

REY (*sin poder creerlo*) — A ver su habilidad mate-

5   mática. ¿Cuál es el doce por ciento de $186.70?   por ciento   *per cent*
(*Antes de que pueda darle un pedazo de papel, ella
responde:*)

JUANA — $22.40.

REY (*levantándose*) — ¡No diga una palabra! ¡De

10   ahora en adelante, trabaja Vd. para Edmundo Rey!

JUANA — ¿Edmundo Rey? Me he equivocado de   equivocarse = hacer (co-
piso. Yo buscaba otra oficina. (*Sale corriendo.*)   meter) un error

Ejercicios

A Preguntas

Conteste según la lectura.

1 ¿Dónde están sentadas las tres muchachas?
2 ¿Cómo escribe a máquina Lola?
3 ¿Qué ha calculado Estrellita?
4 ¿Por qué quiere Rey dar el empleo a Juana Plana?
5 ¿Qué buscaba Juana?

B *Conteste según su reacción personal.*

1 ¿Se debe masticar chicle en una entrevista?
2 ¿Prefiere Vd. un trabajo que le guste o uno que pague mucho dinero?
3 ¿Qué debe saber una buena secretaria?
4 ¿Qué es más importante para una secretaria: la inteligencia o la belleza? ¿por qué?
5 ¿Dónde le gustaría a Vd. trabajar?

C *Escoja la palabra en inglés relacionada a cada palabra en español.*

1 el rey
2 azul
3 masticar
4 el ojo
5 el libro

a) *liberty*
b) *regal*
c) *masticate*
d) *azure*
e) *mastery*
f) *oculist*
g) *library*

D *Corrija los errores en las oraciones siguientes.*

1 Edmundo Rey busca trabajo.
2 Roxana toma todo el dictado sin error ninguno.
3 El Sr. Rey cree que Lola escribe muy bien a máquina.
4 Edmundo le pide a Estrella que sume las fechas.
5 Juana acepta el puesto de secretaria.

E   *Ponga los siguientes grupos de palabras en orden.*

1   bondad / y / tenga / pasar / tomar / la / de / asiento
2   una / y / le / un / da / libreta / lápiz
3   oye / ruido / de / monótono / y / repente / un / lento
4   ¿algo / ojo / tiene / Vd. / en / el / señorita?
5   sabe / y / un / no / diferencia / una / la / precio / entre / fecha

F   *You are looking for a job as secretary. Write a letter of application (in Spanish) to Mr. Edmundo Rey, 15 Madison Ave., New York. In your letter be sure to include the following information:*

a)   your age
b)   how well you type
c)   that you know shorthand
d)   that you can use office equipment
e)   that you know arithmetic well
f)   that you are willing to come for an interview.

G   Diálogo incompleto

El Sr. Reyes entrevista a Carmen para la posición de secretaria. Complete el diálogo siguiente.

Sr. Reyes — ¿Qué experiencia tiene Vd. con este tipo de trabajo?
Carmen . . .
Sr. Reyes — ¿Qué hace Vd. mejor, tomar dictado o escribir a máquina?
Carmen . . .
Sr. Reyes — Mi secretaria también tiene que saber algo de aritmética.
Carmen . . .
Sr. Reyes — Bien, pagamos $150 por semana.
Carmen . . .
Sr. Reyes — Muy bien, puede comenzar mañana.
Carmen . . .

H   **Rompecabezas**   (Solución al final del libro)

P	R	E	S	I	D	E	N	T	E
H	E	P	M	S	E	D	X	I	T
U	D	F	N	L	L	C	M	M	P
M	O	V	P	A	G	A	U	B	F
A	N	P	A	G	A	P	N	R	A
N	D	C	I	U	D	A	D	E	C
O	O	O	S	E	O	Z	O	O	I
M	E	S	A	R	A	Z	A	W	L
E	S	A	I	R	E	A	V	Q	E
S	E	R	M	A	E	R	E	A	S

¿Puede Vd. encontrar estas palabras en español?:

1	president	6	that	11	round	16	capable
2	he pays	7	to be	12	country	17	world
3	city	8	aerial	13	island	18	air
4	table	9	thing	14	war	19	bell
5	race	10	human	15	thin	20	easy

La Navidad: *los juguetes, la bicicleta, la muñeca, los patines, la pelota, el trineo, el bate, el guante   *el regalo, separar la barba de la cara, pegado, portarse bien (mal), traer regalos, creer en Santa*

25
El Señor Claus, Polo Norte

Por toda la ciudad está cayendo la nieve. Las calles, los edificios, los automóviles están cubiertos de un manto blanco. Es el 24 de diciembre, el día antes de la Navidad. ¿Y dónde está Santa Claus? Mañana
5 tendrá que distribuir sus aguinaldos a todos los niños buenos. Pero hoy, como lo saben todos los chicos del vecindario, está en el departamento de juguetes de los "Almacenes Hernández," la tienda de departamentos más grande de la ciudad. Allí, sentado en su trono,
10 está con su traje rojo.

¡Chitón! Vamos a escuchar lo que dice Santa a los niños. Aquí viene una señora con su hijo de siete años. Lleva muchas joyas y está vestida con un abrigo de pieles.
15 — Máximo, dile a Santa lo que quieres esta Navidad. No tengas vergüenza, amorcito. —

— Un momento. Todo depende de si Máximo se ha portado bien o no durante este último año. Sólo les traigo regalos a los niños buenos. Entonces, mi
20 hijo, ¿has sido un . . . ? ¡Ay! Este diablillo me ha dado una patada en la canilla. ¿Por qué hiciste eso? ¿Estás loco? —

— Porque te lo mereces. El año pasado, me trajiste unos cachivaches que no valen nada, — un par
25 de patines que todavía no sé usar, y un juego barato de trenes eléctricos que no funcionaron desde el primer día. Cuando los enchufé, quemé los fusibles. Y eso a pesar de que me tomé la molestia de escribirte una carta personal. Aquí te traigo una copia de la
30 original para que no puedas negarlo.

la nieve *snow*

el aguinaldo = regalo de Navidad

el vecindario = el barrio
el juguete *toy*

¡chitón! = ¡silencio!

la piel *skin, fur*

tener vergüenza *to be bashful, to be ashamed*

dar una patada = golpear con el pie
la canilla *shin*

cachivache *trinket, worthless thing*

enchufar *to plug in*
quemar los fusibles *to blow the fuses*
a pesar de *in spite of*
tomarse la molestia *to take the trouble to, to bother*

el 20 de diciembre de 1973

Señor Santa Claus
El Polo Norte
Planeta Tierra

Querido Sr. Claus:

Este año me porté mejor
que el año pasado. Ni
afeité a mi perro, ni es-
cupí desde la ventana
de mi cuarto. Por eso
quiero los juguetes si-
guientes:
1) Una bicicleta roja
   y verde.
2) Un guante y un
   bate de béisbol
3) Un saco de mil
   canicas (de mu-
   chos colores)
4) Un trineo azul

Máximo Moscamuerta

---

el 20 de diciembre de 1973

Señor Santa Claus
El Polo Norte
Planeta Tierra

5   Querido Sr. Claus:

Este año me porté mejor que el año pasado. Ni afeité   afeitar   *to shave*
a mi perro, ni escupí desde la ventana de mi cuarto.   escupir   *to spit*
Por eso quiero los juguetes siguientes:
    1) una bicicleta roja y verde
10 2) **un guante y un bate de béisbol**   el guante   *glove*
    3) un saco de mil canicas (de muchos colores)
    4) un trineo azul   el trineo   *sled*

Máximo Moscamuerta

— ¡Ay, qué listo es mi hijo! Es justamente como su padre, que es abogado. Siempre piensa en todos los detalles.

— Bueno Mínimo, digo Máximo, o lo que seas. Si eres tan listo, esta Navidad consigue los regalos tú solo. Ya estoy cansado de ti. —

La próxima cliente es una niñita de seis años que parece un ángel. Está discutiendo con su madre:

— Pero mamacita, no quiero ir. No creo en Santa Claus. Ese señor se viste de rojo y trabaja en esta tienda durante la Navidad. —

— Vaya, vaya mi hija. No debes hablar así. Tienes que tener fé. Así tus sueños se harán realidad. —

Mientras que Santa está hablando con ella, la chica agarra su barba blanca y la tira con toda su fuerza gritando:

— Ya ves. Ya te lo dije. Este hombre es un fraude. Mira cómo se separa la barba de la cara. Es una barba postiza y ni siquiera pegada bien. — Y salta del regazo de Santa para irse con su madre.

Mientras que Santa trata de componerse de estos incidentes, un grupo de muchachos pasa riéndose y comentando en voz alta.

— ¡Mira al gordiflón ese! —

— Nunca va a caber en la **chimenea.** Más vale que se ponga a dieta. —

— Mejor que se quite esa almohada que tiene puesta debajo de la camisa. —

Santa no puede creer lo que oye.

— ¡Qué insolentes! Esta nueva generación no respeta a nadie. Hay que darles una lección. —

En ese momento aparece un muchacho pobre y mal vestido que se acerca a Santa.

— Este chiquillo parece un delincuente juvenil — piensa Santa. — Se le nota en la cara. Pero no va a aprovecharse de mí. Basta con todo este "jo, jo, jo." Hay que defenderse. —

— Y ahora, ¿qué quieres tú? ¿Te has portado bien durante todo el año? Supongo que no. Pero ahora quieres regalos, ¿eh? Muchos regalos. Y supongo

---

digo　*I mean*

hacerse realidad　*to come true*

pegada　*glued*
el regazo　*lap*

el gordiflón = el hombre muy gordo

ponerse a dieta　*to go on a diet*

aprovecharse de　*to take advantage of*

también que no estás satisfecho con lo que recibiste
el año pasado. —

—Oh, no Santa. Yo no pido nada. Tengo buena
salud, unos padres maravillosos que me quieren mu-
5 cho, y una nueva hermanita preciosa que nació la
semana pasada. No se puede pedir más. Sólo vengo
a darte las gracias, Santa, y desearte una Feliz Navidad. —

— ¿Cómo? Eh, Feliz Navidad, mi hijo, Feliz Na-
10 vidad. Que te vaya bien. —

Pero, ¿Qué es eso? Una lágrima en los ojos de
Santa? ¿Puede ser que Santa esté llorando? ¡Qué va!
Debe ser un resfriado. Eso es, un resfriado. Como
todos sabemos, hace mucho frío en el Polo Norte, y
15 hay que tener cuidado con el cambio de clima. Se
puede coger un catarro.

que te vaya bien   *good
luck, take care*

el catarro = el resfriado

Ejercicios

A   Preguntas

Conteste según la lectura.

1   ¿Qué tiempo hace?   a) está lloviendo   b) hace calor   c) hace viento
d) está nevando

2   Máximo está enojado porque   a) se ha portado bien todo el año   b) no
cree en Santa Claus   c) no recibió lo que quería la Navidad pasada   d) no
sabe montar en bicicleta.

3   El grupo de muchachos insolentes se ríe de Santa porque   a) es gordo
b) su traje rojo parece ridículo   c) lleva una barba postiza   d) está sentado en un trono.

4   El muchacho pobre   a) es un delincuente juvenil   b) tiene mala salud
c) no tiene padres   d) tiene una nueva hermana.

5   Después de hablar con el niño, Santa se siente   a) triste   b) enfermo
c) contento   d) pobre.

B   *Conteste según su reacción personal.*

1   ¿Qué regalos recibió Vd. la Navidad pasada?
2   ¿Por qué se dice "es mejor dar que recibir"?
3   ¿Se necesita dinero para gozar de la Navidad?
4   ¿Dónde prefiere pasar las vacaciones de Navidad?
5   ¿Qué va a hacer Vd. el primer día de vacaciones?

C   *Escoja el sinónimo de cada palabra indicada.*

1	*el vecindario*	a)	oír
2	*escuchar*	b)	contento
3	*listo*	c)	el catarro
4	*satisfecho*	d)	inteligente
5	*el resfriado*	e)	el barrio

D *Escoja el antónimo de cada palabra indicada.*

1 *antes de*	a) reír
2 *barato*	b) el original
3 *llorar*	c) depués de
4 *la copia*	d) próximo
5 *pasado*	e) caro

E **Vocabulario**

Santa Claus ha dejado estos regalos en casa de la familia Ortiz. ¿Sabría Vd. dar cada artículo a quien le corresponda?

1 un guante de béisbol	a) el abuelo
2 una muñeca	b) la abuela
3 un hueso	c) el padre
4 una bicicleta de muchacha	d) la madre
5 un ratón de plástico	e) María (10 años)
6 una aspiradora	f) Jorge (16 años)
7 un saco de canicas	g) Catalina (6 años)
8 una afeitadora eléctrica	h) Carlitos (5 años)
9 un suéter de lana (color marrón)	i) Sultán (el perro)
10 un pañuelo de seda	j) Reina (la gata)

F **Diálogo incompleto**

Teresita le dice a su mamá lo que quiere para la Navidad. Complete el diálogo siguiente.

Mamá — El año pasado recibiste una muñeca. ¿Qué quieres este año?
Teresita . . .
Mamá — En casa no hay lugar para una bicicleta.
Teresita . . .
Mamá — Pero todavía tú no sabes patinar. Te vas a caer.
Teresita . . .
Mamá — Está bien, vamos a escribirle una cartita a Santa Claus.
Teresita . . .
Mamá — Claro que sí existe. ¿No lo vimos ayer en la tienda de departamentos?
Teresita . . .

G   **Palabras análogas**

Escoja la palabra en español relacionada a cada palabra indicada.

1 The lecture at the University was an *edifying* experience.	a) pie
	b) abogado
2 The park is located within the *vicinity* of the school.	c) editor
	d) piel
3 The clergyman removed his *vestments* at the conclusion of the ceremony.	e) fuerza
	f) edificio
4 Many *pelts* were needed in the making of the fur coat.	g) voz
	h) salvar
5 The mayor *advocated* a lowering of taxes.	i) vestir
6 Do you eat a *fortified* cereal for breakfast?	j) pedir
7 The acrobat hurt his back while doing a *somersault*.	k) salud
	l) saltar
8 After the third offense his driver's license was *revoked*.	m) vecindario
9 The letter included the usual *salutation*.	
10 The *petition* contained the names of many prominent individuals.	

H   *Haga un resumen de lo que pasó usando los grupos de palabras siguientes.*

1   Santa Claus / trabajar / tienda de departamentos
2   Máximo / satisfecho / lista de juguetes
3   Grupos de muchachos / comentar / reírse
4   Muchacho pobre / aparecer / mal vestido / pedir
5   Santa / llorar / resfriado

La clase de historia: *el mundo, el hemisferio, el continente, el país.. *las Naciones Unidas, resolver desacuerdos internacionales, recrear en clase un modelo de las Naciones Unidas, la asamblea, el delegado, el representante*

26
¿La guerra o la paz?

la guerra   *war*

OBSERVADORES
IMPARCIALES REPORTAN
MOVIMIENTO DE TROPAS
EN EL MEDITERRANEO.

5   Portavoces de la OTAN han declarado
que la situación ha empeorado. Las fuer-
zas armadas de los países afectados por
el conflicto han sido alertadas contra posi-
bles ataques aéreos...

las tropas   *troops*

el portavoz   *source,*
     spokesman
la OTAN = la Organiza-
     ción del Tratado del At-
     lántico del Norte
     North Atlantic Treaty
     Organization (*NATO*)
empeorár = ponerse peor
el nivel   *level*

10

Contaminación llega a un nivel peligroso

(Oslo) — Científicos reunidos en esta
capital escandinava han dicho que si no
se toman los pasos necesarios inmediata-
15   mente, las reservas de agua y de aire
frescos se terminarán dentro de esta década. Estas declaraciones fueron hechas
después del descubrimiento de grandes
números de peces y aves muertos flotando
20   cerca de las costas...

el pez   *fish*
el ave (*f.*)   *fowl, bird*

AUMENTO DE CRÍMENES
COMETIDOS POR JÓVENES
ADOLESCENTES.

    Los alcaldes de las diez mayores ciuda-
25   des norteamericanas están tratando de encontrar una solución al problema de la
delincuencia juvenil. Los últimos estudios
muestran que jóvenes adictos a las drogas
cometen un número enorme de robos y
30   asaltos...

el aumento   *increase*

el alcalde   *mayor*

— ¡Qué mundo este en que vivimos! Cada día que
pasa parece que poco a poco nos acercamos más a la
aniquilación total de nuestro planeta: guerras destruc-
tivas, invasiones, revoluciones, la contaminación del

la aniquilación   *annihila-*
     tion

183

ambiente, el mal uso de nuestros recursos naturales. Pero el problema principal es la falta de comunicación entre los diferentes pueblos del mundo. ¿No hay forma en que la raza humana pueda vivir en paz? —
5 Así habla el profesor Buenaparte a su clase de Historia mundial.

— Señor profesor, — interrumpe una voz juvenil.

— Dime, Anselmo, ¿qué solución puedes ofrecer?

— Me parece que nosotros, como seres inteli-
10 gentes, deberíamos ser capaces de hallar una solución a nuestros problemas sin tener que usar métodos violentos. Y si ya existe la Organización de las Naciones Unidas, ¿por qué no se pueden resolver estos desacuerdos internacionales de una manera civi-
15 lizada?

— Muy bien. Ya hemos discutido la O.N.U. y tenemos planeada una excursión para observar cómo funciona. Pero para tener una mejor idea de sus problemas, hoy vamos a recrear aquí en la clase un
20 modelo de las Naciones Unidas y nosotros haremos el papel de delegados de los países miembros.

Cada alumno escoge el país que quiere representar. Celebran elecciones y eligen a Josefina Secretaria General, y a Mauricio, Presidente de la Asamblea
25 General.

Mauricio — La cuestión a discutir hoy ante esta asamblea es el establecimiento de una Conferencia permanente sobre el desarmamento. Tiene la palabra el delegado de los Estados Unidos.
30 *Nacho* (*delegado de los EE.UU.*) — Sr. Presidente y Srta. Secretaria. Mi país siempre ha favorecido los esfuerzos de esta organización para conseguir una paz duradera a través del desarmamento. Por tanto, proponemos que los representantes de las cinco grandes
35 se reúnan en una ciudad neutral para aprobar un acuerdo.

Virgilio (*delegado de Francia*) — Creemos que el lugar ideal para esta conferencia sería la "ciudad luz", París.
40 *Gisela* (*delegada de Italia*) — A nosotros nos parece que la "ciudad eterna", la cuna de la civilización romana, es mejor para una conferencia de esta clase.
Mauricio — Tiene la palabra el representante de la República de Ghana.

el ambiente   *environment*
el recurso   *resource*

el ser   (*human*) *being*

el desacuerdo   *disagreement*

hacer el papel   *to play a role*

tener la palabra   *to have the floor*

favorecer   *to favor*

duradera   *lasting*
a través de = por medio de

la cuna   *cradle*

Orlando (*representante de Ghana*) — Hablando a nombre de los países en desarrollo, creemos que el continente africano sería un lugar excelente. Los países europeos no pueden ofrecer la misma neutrali-
5 dad que nosotros.

el desarrollo　development

Hortensia (*representante de Suiza*) — Nuestro país siempre ha mantenido una política de neutralidad. Además, en Ginebra se han efectuado muchas con-ferencias internacionales. Entre las muchas facili-
10 dades que podemos ofrecer a los participantes, está nuestra magnífica sala de conferencias con una mesa especialmente equipada para tales ocasiones.

mantener　maintain, sup-port
Ginebra (*f.*)　*Geneva*
efectuarse　to carry out

Diego — Sr. Presidente, yo protesto. Todos sabemos que la mesa en el gran salón de Ginebra es cuadrada.
15 La Unión de Repúblicas Socialistas Soviéticas de-manda que la mesa sea redonda, para mantener la igualdad entre los países.

cuadrado = con cuatro lados iguales
redondo　round

Al decir esto Diego, se oye un clamor general en el aula.
20 — Sr. Presidente, la república de la India se opone . . .

— El delegado del Japón no está de acuerdo.

— La Gran Bretaña insiste en que se sirva té du-rante los recesos.
25 — Suecia es más neutral que Suiza.

En eso suena el timbre. Pero antes de despedir a la clase, el profesor Buenaparte comenta:

en eso　just then

— Me parece que ahora tienen una buena noción de lo que sucede cuando tratamos de resolver nues-
30 tros problemas. Las cosas no son tan fáciles como parecen. Claro es que cuando visitemos la ONU veremos a los delegados adoptar una actitud más seria en cuanto a los problemas del mundo en que vivimos y no perder tiempo en asuntos triviales.

el asunto　subject, affair

35 El viernes siguiente, al visitar el edificio de las Na-ciones Unidas, los alumnos del señor Buenaparte es-cuchan atentamente el desarrollo de un debate en la Asamblea General:

— No aceptamos una mesa cuadrada . . .
40 — Proponemos una ciudad neutral . . .

— Los países en desarrollo demandan igualdad . . .

— Es una actitud típicamente imperialista . . .

　　　　　etcétera, etcétera, etcétera . . .

Ejercicios

A   Preguntas

Conteste según la lectura.

1   ¿Por qué es tan pesimista el profesor de Historia mundial?
2   ¿Por qué va la clase a visitar las Naciones Unidas?
3   ¿Cuántos países están representados en la clase de historia?
4   ¿En qué continente está situada Ghana?
5   Según el profesor, ¿qué actitud adoptan los verdaderos delegados?

B   *Conteste según su reacción personal.*

1   ¿En qué ciudad está la ONU?
2   ¿Cómo podemos evitar otra guerra mundial?
3   ¿Cuáles de los siguientes países no tienen puertos de mar? Suecia /
     Suiza / Bolivia / Italia / Rusia / Nigeria / Egipto.
4   ¿Qué deben hacer todas las naciones para combatir la contaminación de
     nuestro ambiente?
5   Si Vd. fuera Presidente de los Estados Unidos, ¿cuál es la primera cosa que
     haría?

C   *Complete con la mejor palabra o expresión.*

1   Cuando no hay guerras ni peleas, existe la . . .
2   Una . . . es un   viaje de un grupo de personas.
3   Todos los hombres pertenecen a la . . . humana.
4   El jefe del gobierno de una ciudad es . . .
5   Los . . . representan a su país ante una organización.

D   *Escoja la frase que mejor complete cada oración.*

1   El problema principal   a)   mantener la igualdad entre
     es . . .   los países
2   Cada alumno escoge . . .   b)   el delegado de Francia
3   Tiene la palabra . . .   c)   la falta de comunicación
4   Queremos una mesa   d)   el desarrollo de un debate
     redonda para . . .   e)   el país que quiere representar
5   Los alumnos escuchan . . .

E   *Escoja la oración que mejor describa el dibujo.*

1   Se oye un clamor general en el aula.
2   Anselmo ofrece una solución.
3   Los representantes de las cinco grandes se reúnen.
4   Los alumnos hacen el papel de representantes ante la ONU.
5   Los alumnos visitan la ONU.

F   **Diálogo incompleto**

José y Antonio, dos amigos, discuten los problemas actuales mundiales. Complete el diálogo siguiente.

José — Parece que los problemas se ponen peor cada día.
Antonio . . .
José — Es una lástima que siempre exista el peligro de guerra.
Antonio . . .
José — Pero muchas naciones no quieren seguir las sugerencias de la ONU.
   ¿Qué podemos hacer para obligarlas?
Antonio . . .
José — ¿Crees que habrá paz en este mundo?
Antonio . . .
José — Es más fácil hablar que hallar soluciones.
Antonio . . .

El trabajo: *el banco, el presidente, el empleo, la caja   *la profesión, el sueldo, el salario, el aumento, la renuncia, llegar tarde, no vas a ser nada*

27
¡Patrón ... yo renuncio!

renunciar *to quit*

Rin, rin ..... rin, rin ..... rin, rin.
— Ya, ya — grita Eustaquio medio dormido, cubriendo el despertador que le saca de un sueño profundo.
5   El comienzo de otro día, un día como todos los demás. Eustaquio no quiere ir al trabajo, pero no hay remedio. Baja de la cama y camina lentamente hasta el cuarto de baño. Tiene que repetir la misma rutina todos los días: darse una ducha fría, cepillarse
10 los dientes y el pelo, afeitarse, vestirse cuidadosamente y sentarse a desayunar lo de siempre — dos panes tostados con café solo. Al beber el café se da cuenta de que ya es tarde y que tiene que apurarse para coger el tren. Si no, va a llegar tarde, y ésta será
15 la tercera vez esta semana. Sale corriendo de su apartamento y apenas coge el subterráneo. Una vez sentado, se pone a leer el periódico. Pero hoy no lee las noticias como de costumbre, sino la sección de empleos.

no hay remedio *there's no avoiding it*
la ducha *shower*

el subterráneo *subway*
ponerse a = comenzar a

el empleo *job*

20 **CARPINTERO** CON EXPERIENCIA MAGNÍFICA OPORTUNIDAD PARA HOMBRE JOVEN. NO NECESITA
25 HERRAMIENTAS. PRESENTARSE O LLAMAR AL TALLER "CORREA" CALLE SIERRA #171.
30 TEL. 888–9989

DOS PLAZAS PARA **CHOFER DE AUTOS DE ALQUILER.** COMIENCE MAÑANA Y GANE $3, $4, $5 O MÁS POR HORA. GARAGE "EL RUEDO" A UNA CUADRA DE LA ESTACIÓN TERMINAL DE TRENES.

PINTOR TRABAJE
35 CON LA MAYOR COMPAÑÍA DE LA CIUDAD. PAGAMOS SUELDOS DE SINDICATO. LLAMAR AL 778–6556.

el auto de alquiler *taxi; limousine*

la herramienta *tool*

el taller *workshop*

el pintor *house painter*

el sindicato *union*

BUSCAMOS JOVEN AMBICIOSO GRAN CARRERA COMO **PLO-MERO.** NO NECESITA EXPERIENCIA. SALA-RIO $5.75 POR HORA CON AUMENTOS GA-RANTIZADOS. LLA-MAR A SÁNCHEZ 756–3113	NECESITAMOS **MECÁ-NICO CON CONOCI-MIENTO AUTOS DE CARRERA.** TIENE QUE TENER HERRAMIEN-TAS PROPIAS. REFE-RENCIAS NECESA-RIAS. SALARIO $190 SEMANAL. DIRIGIRSE A APTDO #78.

autos de carrera   *racing cars*

aptdo. (apartado)   *P.O. box*

Piensa para sí: — ¡Qué tonto soy! ¿Qué estoy haciendo con mi vida? Todos los días durante los últimos 20 años he hecho el mismo trabajo: contar y sumar dinero en el banco y ¿por qué? Hay tantas otras posibilidades. Pudiera hacerme carpintero, por ejemplo. Ellos ganan un buen sueldo y pueden ver el resultado de sus labores. No tienen un empleo tan aburrido como el mío. También podría ser bombero; ese trabajo sí que es estimulante. Cada día hay nue-vas aventuras, como por ejemplo rescatar a las chicas guapas de las llamas del fuego. O marinero — viajar por todo el mundo y visitar todos los lugares exóticos. Ay, qué no daría por cambiar mi empleo por cual-quier oficio: plomero, sastre, basurero. No importa. De buena gana trabajaría horas extraordinarias de día o de noche. Nunca iría de huelga y aceptaría un salario mínimo. Y apuesto a que eso no podría ser menos de lo que gano ahora. Veinte años en el mismo banco sin un aumento de sueldo. Pero eso es lo que pasa cuando se trabaja para un patrón tan ta-caño. Se está aprovechando de mí a causa de mi carácter manso. Pero de aquí en adelante las cosas van a cambiar. ¡Todo el mundo va a ver como el gato se convierte en tigre! Será gracioso ver las caras de todas las secretarias cuando anuncie mi renuncia. Sí, señor. Voy a entrar en la oficina y decir:
— ¡Desde este momento, dejo de trabajar! —

Eustaquio ha tomado la decisión irrevocable. Al llegar al banco, se dirige al despacho del presidente y va directamente a su escritorio.

el bombero   *fireman*

rescatar   *to rescue*
la llama   *flame*
el marinero   *sailor*

el sastre = persona que hace trajes
basurero   *garbage collector*
de buena gana   *willingly*
horas extraordinarias   *overtime*
ir de huelga   *to strike*
apuesto a que   *I bet that*
el aumento de sueldo   *raise*
tacaño   *stingy*
aprovechar   *to profit by*
manso   *gentle*
convertirse = volverse

— ¡Eustaquio! ¿Qué haces por aquí? ¿Por qué no
estás trabajando en la caja? A este paso no vas a
llegar a ser nada. Y son las nueve pasadas. ¡Vete
allí ahora mismo! Y antes de que se me olvide, no
5 dejes de traer un regalo para tu mamacita esta noche.
Es su cumpleaños. —

    — Sí, papá. —

a este paso   *at this rate*
llegar a ser   *to become*
son las nueve pasadas   *it's
past nine*
dejar de   *to fail to*

Ejercicios

A   Preguntas

Conteste según la lectura.

1   ¿Cómo estaba durmiendo Eustaquio?
2   ¿Qué hace todas las mañanas?
3   ¿Por qué no le gusta trabajar en el banco?
4   ¿Qué clase de trabajo quiere?
5   Según Eustaquio, qué tipo de hombre es su padre?

B   *Conteste según su reacción personal.*

1   Generalmente, ¿qué toma Vd. para el desayuno?
2   ¿Cuál es la sección del periódico que le interesa más?
3   ¿Qué métodos de transporte usa Vd. para llegar a la escuela?
4   ¿Qué piensa hacer después de graduarse?
5   ¿Le gustaría trabajar para su papá? ¿por qué (no)?

C   ¿Cierto o falso?

Lea las oraciones siguientes y diga si cada una es cierta o falsa.

1   Eustaquio se despierta lleno de energía y con ganas de trabajar.
2   El Sr. Sánchez solicita un plomero.
3   Eustaquio quiere un trabajo con más aventuras.
4   Eustaquio piensa renunciar.
5   El patrón de Eustaquio es un pariente suyo.

D   *Escoja la profesión que corresponde a cada acción.*
(Match the actions with the people who perform them.)

1   Apagar un fuego (incendio).
2   Arreglar el baño o la cocina.
3   Arreglar un automóvil.
4   Estar a cargo de un negocio.
5   Manejar un coche.
6   Dar y recibir dinero.
7   Construir un mueble.
8   Viajar en barco.
9   Hacer un traje.
10   Limpiar las calles.

a)   un mecánico
b)   un basurero
c)   un marinero
d)   un bombero
e)   un cajero de banco
f)   un carpintero
g)   un plomero
h)   un sastre
i)   un chofer
j)   un administrador

E   Sinónimos

Escoja el sinónimo de cada palabra indicada.

1   *lentamente* / rápido / despacio / seguro / finalmente
2   *empleo* / trabajo / periódico / sección / banco
3   *rescatar* / necesitar / presentar / mirar / salvar
4   *apurarse* / cuidarse / dormirse / aburrirse / darse prisa
5   *fuego* / incendio / herramienta / hielo / sueldo
6   *guapo* / mínimo / exótico / tostado / bonito

F   Antónimos

Escoja el antónimo de cada palabra indicada.

1   *el comienzo* / principio / graduación / empleo / final
2   *mismo* / igual / diferente / nuevo / estimulante
3   *aburrido* / interesante / sentado / mínimo / tacaño
4   *dormido* / contento / hambriento / despierto / alegre
5   *tarde* / triste / mojado' / sentado / temprano

G   Diálogo incompleto

Pablo va a una agencia de empleos. El Sr. Díaz lo entrevista. Complete el diálogo siguiente.

El Sr. Díaz — A ver. Vd. es graduado de secundaria. ¿Qué habilidades tiene?
Pablo . . .
El Sr. Díaz — No tenemos ningún puesto de carpintero. ¿Qué tal le parece trabajar de mecánico?
Pablo . . .
El Sr. Díaz — No necesita ni herramientas ni experiencia. Empezará ganando $75 semanales.
Pablo . . .
El Sr. Díaz — Lo único que tengo que paga más de $100 es el trabajo de pintor, pero necesita experiencia.
Pablo . . .
El Sr. Díaz — Magnífico. Aquí tiene la dirección y el nombre del taller.
Pablo . . .

El vuelo espacial: *la nave, el pasajero, la aeromoza, la píldora alimenticia, el letrero* *la Línea Interplanetaria, despegar, aterrizar, reclinarse, después del despegue, delgado, calvo*

28
Vuelo sin regreso

el vuelo *flight*

"Damas y caballeros, por favor observen el letrero de NO FUMAR y ABRÓCHENSE LOS CINTURONES DE SEGURIDAD. Varios minutos después del despegue podrán volver a fumar y desabrocharse
5 los cinturones. Muchas gracias y feliz viaje".

abrocharse (el cinturón)
 to fasten (*the belt*)
el despegue *take-off*

Para Atanasio Otero, estas palabras significaban mucho más que el anuncio de rutina de la aeromoza; era la realización del gran sueño de su vida. Atanasio no se encontraba en una nave común y corriente sino
10 en una de las nuevas naves especiales de la Línea Interplanetaria rumbo a Marte, el planeta rojo.

la aeromoza *stewardess*

La nave era capaz de acomodar a más de dos mil pasajeros, más la tripulación. Acomodaciones privadas para cada uno, así como varias salas de recreo.
15 Todo diseñado con el propósito de hacer los largos viajes lo más cómodo posible.

rumbo a *in the direction
 of*
capaz *able*
la tripulación *crew*

diseñar *to design*
el propósito *purpose*

Ahora, cuando solamente unos minutos lo separan del despegue, empezaron a llenar su mente recuerdos de su niñez: El disparo del primer cohete, el primer
20 vuelo interplanetario de ida y vuelta y, por último, la inauguración de la ruta comercial conectando todos los planetas del sistema solar.

la niñez *childhood*
el disparo *shot*
el cohete *rocket*
de ida y vuelta *round trip*
por último *lastly*

Para llegar descansado, Atanasio decidió reclinarse en su asiento y echar una siesta; el viaje prosiguió
25 sin ningún problema. Esto era natural, ya que los avances tecnológicos en los últimos treinta años habían sido increíbles. Las nuevas naves viajaban más rápido que la velocidad de la luz, los nuevos satélites artificiales podían ser recuperados cinco o
30 diez años después de ser lanzados, y los astronautas podían sobrevivir en el espacio gracias a estupendos trajes especiales.

echar una siesta = dormir
 ligeramente *take a nap*

recuperar *to regain*
lanzar *to launch*
sobrevivir *to survive*

Al abrir los ojos, después de unas horas, Atanasio notó a la azafata y la llamó. La chica que respondió
35 a su llamada era guapísima. Las compañías aéreas

la azafata = la aeromoza

interplanetarias habían seleccionado como aeromozas
a modelos de la raza humana del año 2073. Era alta
y delgada, completamente calva y sin dientes. Estaba
chupando una píldora alimenticia: una de esas cáp-
5   sulas que contiene todas las vitaminas y los elementos
nutritivos para un mes y que, al mismo tiempo, com-
bate la caspa y el mal aliento.

— ¿Señorita, cuánto tiempo tardaremos en llegar a
nuestro destino?

10 — Como viajamos a diez veces la velocidad de la
luz, vamos a llegar dentro de unos minutos.

En esto, se oyó la voz del piloto. — Damas y caballeros, estamos a punto de comenzar nuestro descenso
a través de la atmósfera marciana. Por favor tomen
15 sus puestos y observen los letreros de NO FUMAR y
de ABROCHARSE LOS CINTURONES. Tocare-
mos la superficie marciana dentro de veinte minutos
terrestres. Muchas gracias y buena estadía en Marte.

Al hacer contacto con la estratósfera de Marte, se
20 oyó una explosión y el cristal de una de las ventanillas
comenzó a romperse. A causa de la pérdida de presión dentro de la cabina aparecieron las máscaras de
oxígeno. Al seguir el descenso, extraños ruidos a
través del fuselaje causaron gran pánico entre los
25 pasajeros. De repente, por todos lados comenzaron
a aparecer meteoritos. La nave parecía estar al revés.
Niños y adultos comenzaron a gritar. Atanasio no
podía creer lo que veía. Ya estaba preparado para lo
peor, cuando sintió que alguien le tocaba el hombro:

30 — Atanasio . . . Atanasio . . . despiértate, hijo. Ya
son las siete y vas a llegar tarde a la escuela.

delgado *slender*
calvo *bald*
chupar *to suck*
alimenticia *nutritious*

la caspa *dandruff*
el mal aliento *bad breath*

en esto = en ese momento

la superficie *surface*
la estadía *the stay*

la presión *pressure*

al revés *upside-down*

Ejercicios

A   Preguntas

Complete según la lectura.

1   Al despegar la nave espacial, los pasajeros no debían . . .
2   Después de echar una siesta, Atanasio llamó a . . .
3   La mujer del año 2073 era . . . , . . . , . . . , y . . .
4   Cuando aparecieron los meteoritos, los pasajeros . . .
5   La voz de su madre le dio a entender que estaba . . .

B   Preguntas personales

Conteste según su reacción personal.

1   ¿Querría Vd. ser astronauta? ¿por qué?
2   ¿Quiénes son algunas personas que trabajan en un avión?
3   ¿Cuál es el planeta más cercano a la tierra?
4   ¿Cómo se llama el satélite de nuestro planeta?
5   ¿Por qué quiere el hombre explorar el espacio?

C   Vocabulario

Escoja la palabra correcta para completar cada oración.

1   el piloto — la aeromoza

    a)   . . . sirve la comida a los pasajeros en un avión.

2   los pasajeros — la tripulación

    b)   Las personas que trabajan en un avión o un barco son . . . .

3   el vuelo — el despegue

    c)   . . . de Nueva York a Los Angeles por avión dura cinco horas.

4   un adulto — un caballero

    d)   Una persona que es mayor de edad es . . . .

5   delgado — calvo

    e)   No tiene ni un solo pelo en la cabeza; es completamente . . . .

D   *Ponga las oraciones siguientes en el orden en que ocurrieron.*

1   Atanasio se despierta.
2   La aeromoza da las instrucciones.
3   Habla con la azafata.
4   Atanasio echa una siesta.
5   Llegan al planeta rojo.
6   Hay gran pánico entre los pasajeros.

E   *Escoja cada frase que mejor complete cada oración.*

1   Por favor observen . . .   a)   modelos de la raza humana.
2   Todo estará diseñado para . . .   b)   el letrero de no fumar.
3   Los astronautas pueden . . .   c)   hacer viajes cómodos.
4   Las aeromozas son . . .   d)   llegar tarde.
5   Despiértate porque vas a . . .   e)   sobrevivir en el espacio.

F   **Diálogo incompleto**

Vd. es uno de los pasajeros en un vuelo transatlántico Nueva York — Madrid. Está hablando con su vecina. Complete el diálogo siguiente.

Vecina — Este es mi primer viaje a Europa y estoy nerviosísima.
Usted . . .
Vecina — ¿Cuánto tiempo tardaremos en llegar?
Usted . . .
Vecina — Ya tengo hambre. Espero que sirvan una buena comida.
Usted . . .
Vecina — Si quiero una almohada, ¿qué debo hacer?
Usted . . .
Vecina — ¿Qué dicen esos letreros? No tengo mis gafas.
Usted . . .

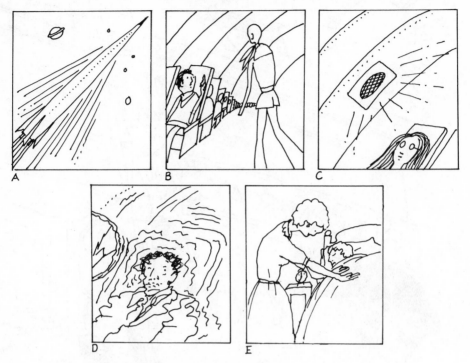

G *Escoja la mejor descripción de cada dibujo.*

1 La nave se estremece y las ventanillas se rompen.
2 Atanasio llama a la azafata.
3 La nave despega.
4 La madre despierta a Atanasio.
5 Atanasio duerme un rato.
6 Se oye la voz del capitán.

El mundo al revés: *el barrendero, el pintor, el bombero, el policía, el ladrón, el muchacho, el perro, el pájaro, la aspiradora, el coche, la llanta, la escalera portátil, los pasteles, el reloj, la manecilla de reloj, los patines*

la bota, el revólver, el paraguas, el semáforo, el avión, el sol, la acera, la señal de alto   *limpiar, correr detrás (de), patinar

Repaso y Recreo

A *Describa lo que pasa en el dibujo.*

B *¿Puede Vd. hallar los quince errores en el dibujo?*
(Can you find the 15 mistakes in the illustration?)

C **Adivinanzas**

¿Qué soy yo?
(Match explanations and answers.)

1 Tengo cuatro patas pero no puedo caminar.
2 Me abro y me cierro sin hacer ruido.
3 Paso por el agua y nunca me mojo, paso por el fuego y nunca me quemo.
4 Siempre ando y nunca me muevo.
5 Tengo el vestido blanco y el corazón amarillo.
6 Cuando soy prisionero existo, pero en la libertad me muero.
7 Estoy a tu lado y no me ves.
8 Ando mejor que el reloj y me levanto muy temprano.
9 Si me cortas, por alegre que seas, vas a llorar.
10 Voy, voy y no vuelvo.
11 Tengo medias pero no zapatos
12 Tengo hojas pero no soy árbol; no tengo ni lengua ni boca y doy consejos.
13 Conquisto a señores y a reyes que caen a mis pies.

a) el libro
b) la cebolla
c) el ojo
d) las orejas
e) el huevo
f) la hora
g) el secreto
h) el camino
i) la sombra
j) el sol
k) la mesa
l) el reloj
m) el sueño

Vocabulario

The numbers in parentheses refer to chapters.

la **abeja** (9) bee
el **abogado** (6, 12) lawyer
abrazar(se) (16) to embrace, to hug (one another)
el **abrigo** (23, 25) overcoat
abril (9) April
abrir (1, 3, 8, 13) to open
  en un — y cerrar de ojos (13) in a wink, in a flash
abrochar (21) to button, to buckle up
absolutamente (1, 20, 22) absolutely
aburrido (18, 27) bored
acá (22) here
acabar (18) to end, to finish
  — de (3, 4, 8, 13) to have just
acabarse (15, 21) to be used up, finished
acaso (6) perhaps
  por si — (6) just in case
el **accidente** (6, 13) accident
la **acción** (16) action
el **aceite** (10, 13) oil
aceptar (2, 12, 26, 27) to accept
la **acera** (13, 18) sidewalk
acerca de (5, 23) about, concerning
acercarse (5, 6, 10) to approach
la **acomodación** (28) accommodation
el **acomodador** (2) usher
acomodar (28) to accommodate
acompañar (13, 24) to accompany
  acompañado (11, 16) accompanied
acordarse (12, 20) to remember
la **actitud** (26) attitude
la **actividad** (19) activity
el **acto** (2, 9, 24) act
el **acuerdo** (26) agreement

de — (4, 11) O.K.
de — **con** (5) according to
  estar de — (18) to agree
el **acumulador** (13) (car) battery
acusador (*adj.*) (12) accusing
¡adelante! (23) come in!
  de ahora en — (23, 24) from now on
además (3, 4, 23) moreover, besides
adicto (26) addicted
adiós (16) good bye
admitir (7) to admit
adolescente (26) adolescent
adoptar (26) to adopt
el **adulto** (2, 20, 28) adult
aéreo (28) air
la **aeromoza** (28) stewardess
el **aeroplano** (20) airplane
el **aeropuerto** (4) airport
el **afeitado** (7) shave
la **afeitadora** (5) electric razor
afeitar (7, 25) to shave
afeitarse (27) to shave (oneself)
aficionado (a) (23) fond (of)
afilado (1) sharp
africano (26) African
afuera (24) outside
las **afueras** (6) outskirts
  en las — de (6) in the outskirts
agarrar (2, 22) to grab
agarrarse (24) to hold on to
la **agencia** (13) agency
el **agente** (5, 13) agent
agitar (11) to shake
agosto (20) August
agradable (4) nice

agradecer (11) to thank
agradecido (4) thankful
el **agua** (9, 15) water
el **aguacate** (15) avocado
el **águila** (14) eagle
el **aguinaldo** (25) Christmas present
ahí (4, 12, 24) there
  por — (23) over there
ahogarse (11) to drown
ahora (3, 17, 19) now
  de — en adelante (13) from now
on
el **aire** (2, 9) air
  el — acondicionado (2) air condi-
tioning
  el — libre (9) outdoors, open air
ajá (17, 20) aha
la **alarma de incendios** fire alarm
el **alcalde** (26) mayor
alcanzar (14) to reach
alegrarse (16) to be glad
la **alegría** (20) happiness
alertar (26) to alert
alfabético (14) alphabetic
la **alfombra** (16) rug
algo (3, 10, 11, 22) something
el **algodón** (18) cotton
el **alguacil** (16) sheriff
alguien (11, 20) someone
alguno (9) some
el **aliento** (16, 28) breath
alimenticio (28) nourishing
el **alma** (11, 16) soul
el **almacén** (23, 25) department store,
warehouse
la **almohada** (25) pillow
almorzar (7, 15, 17) to eat lunch
el **almuerzo** (8) lunch
alquilar (3, 27) to rent
el **alquiler** (3) (the) rent
alrededor de (2, 9, 20) around
alto (1, 23) tall
el **alumno** (8) pupil
alzar (12) to raise
  alzada (12) raised
el **ama: — de casa** (21) housewife
amable (23) friendly
el **amante** (16) lover
amarillo (12, 23) yellow

ambicioso (27) ambitious
el **ambiente** (17, 19) atmosphere,
background
ambos (4) both
la **ambulancia** (6) ambulance
amigo (14, 19) friend
el **amiguito** (22) little friend
el **amor** (3, 14, 16) love
amorcito (23, 25) darling
amplio (3) spacious
amputar (6) to amputate
amueblar (13, 16) to furnish
ancho (23) wide
andante (2) walking
andar (4, 11, 12, 23) to walk
el **ángel** (17, 25) angel
anhelar (28) to long for
el **anillo** (19) ring
la **aniquilación** (26) annihilation
anoche (16) last night
ansioso (8) anxious
ante (3, 12, 26) before, in front of
anterior (10, 14) preceding
antes (1, 20) before
  — de (7, 17) before
  — de que (16) before
  lo — posible (15) as soon as possible
antíguo (3, 10) old
el **anuncio** (3, 13, 16, 24) advertise-
ment
añadir (8) to add
el **año** (1, 3, 8) year
el **aparato** (3, 5) appliance
aparcar (13) to park
aparecer (1, 2, 16, 25) to appear
la **apariencia** (7) appearance
el **apartamento** (3) apartment
apático (5) apathetic
el **apartado** (*abbreviated:* **aptdo.**) (27)
P.O. box
aparte (4) on the side
el **apellido** (1) last name
apenas (9, 17, 27) hardly
el **aperitivo** (15) appetizer
el **apetito** (8, 9) appetite
  perder el — (14) to lose one's appetite
apostar (27) to bet

apreciar (13) to appreciate
aprender (5, 17) to learn
apresurarse (2, 6, 7) to hurry
aprobar (26) to pass
apropiado (13) appropriate
aprovechar (23) to take advantage of
aproximadamente (21) approximately
la **aptitud** (13) aptitude
apurarse (20, 27) to hurry
aquel (4) that
aquí (1, 3, 4, 15) here
   de — en adelante (27) from now
   on
arar (12) to plow
el **árbol** (9) tree
la **arena** (11) sand
armado (26) armed
armar: — un escándalo (18) to cause
   a commotion, to make a scene
el **armario** (3) closet
arrancar (13, 17) to tear out, to start
   (a car)
arreglar (8, 24) to arrange
arreglarse (24) to fix oneself up
   arreglárselas bien (18) to get along
arrepentirse (9) to regret
arrestar (5) to arrest
arriba (3, 16) up
   por — (6) over
arrollar (6) to run over
el **artículo** (5) article
el **asalto** (26) attack; hold-up, robbery
la **asamblea** (26) assembly
asar (15) to roast
   asado (15) roasted
el **ascensor** (1, 3) elevator
asegurar (17) to assure
el **asesino** (5) murderer
así (1, 4, 19) so
   — como (14) as well as
el **asiento** (2, 9, 10, 13) seat
asignar (14) to assign
la **asignatura** (8) subject
el **asno** (12) donkey
asomado (4) looking out of
el **aspecto** (1) aspect
la **aspiradora** (5) vacuum cleaner
la **aspirina** (16) aspirin

asustar (2) to frighten
el **astronauta** (28) astronaut
asumir (13, 27) to assume
atacar (2, 26) to attack
   atacado (2) attacked
el **ataque** (18, 26) attack
la **atención** (11) attention
atender (23) to assist
atentamente (26) attentively
aterrizar (4) to land
atestado (14) crowded
   estar — de (14) to be packed with
el **atleta** (11) athlete
atlético (11) athletic
la **atmósfera** (28) atmosphere
la **atracción** (2) attraction
atractivo (10, 18, 24) attractive
atraer (11) to attract
atreverse (19, 23) to dare
el **aula** (8, 26) classroom
aumentar (5) to increase
el **aumento** (23, 26) increase, raise
ausente (14) absent
el **auto** (6) car
el **automóvil** (9) automobile
la **autoridad** (19) authority
el **auxilio** (11) help
avanzar (9) to go ahead
el **ave** (26) bird
la **avenida** (3) avenue
la **aventura** (15, 16) adventure
el **avión** (4) airplane
avisar (3, 4, 12) to warn
ayer (18) yesterday
el **ayudante** (6) helper
ayudar (9) to help
la **azafata** (28) stewardess
el **azúcar** (10, 21) sugar
azul (10, 24, 25) blue

el **bacalao** (15) codfish
el **bailador** (3) dancer
bailar (18, 20) to dance
el **baile** (18, 19) dance
bajar (3) to lower

bajarse (4, 5, 13) to step down
— **de** (4) to get off
bajo (*prep.*) (6) under
bajo (*adj.*) (3, 10) short
en voz baja (10) in a low voice
la **bala** (16) bullet
el **banco** (4, 16) bank
el **banco (de parque)** (4) bench
la **bandeja** (15) tray
la **bañera** (3) bathtub
el **baño** (3, 10, 11) bath
barato (18) cheap
la **barba** (25) beard; chin
la **barbería** (7) barbershop
el **barbero** (7) barber
el **barquillo** (18) ice cream cone
la **barriga** (23) belly
el **barrio** (3, 18) neighborhood
el **básquetbol** (11) basketball
bastante (8, 18, 22) enough
bastar (9, 10) to be enough
la **basura** (17) garbage
el **basurero** (27) garbage collector
la **bata** (1) robe
el **bate** (25) (baseball) bat
el **batido** (18) milk shake
batido (21) whipped
el **baúl** (10) trunk
beber (2, 27) to drink
la **bebida** (15, 18) drink
el **béisbol** baseball
la **belleza** (7, 9, 18) beauty
el salón de — (7) beauty salon
bello (9) beautiful
el **beso** (16) kiss
la **bestia** (17) beast
la **bicicleta** (17, 25) bicycle
bien (1, 15, 19) well
la **biología** (14) biology
el **bistec** (15) steak
blanco (25) white
el **bobo** (24) fool
la **boca** (1) mouth
el **bocadillo** (18) sandwich (on a roll)
el **bocado** (2, 6) mouthful
la **bocina** (25) horn
la **bofetada** (14) smack
bolear (7, 12) · to bowl

los **bolos** (7, 12) bowling pins
jugar a los — (7, 12) to go bowling
el **bombero** (4, 26) fireman
la **bombilla** (14) bulb
el **bombón** (9) candy
la **bondad** (20) goodness
bonito (19) pretty
boquiabierto (12) amazed
el **borrador** (8) eraser
borrar (8) to erase
el **bosque** (24) forest, woods
la **botella** (7) bottle
el **botón** (15, 18) knob, button
el **boxeo** (13) boxing
el **brazo** (1, 10, 13) arm
brillar (7) to shine
brillante (9) shining
la **brillantina** (17) hair tonic
la **broma** (5, 8) joke, prank
hacer bromas (8) to play pranks
bromear to joke
broncearse (13) to get a suntan
bueno (1, 4, 17) good
— , señor (2) O.K., sir
buenas tardes (1, 18) good afternoon
muy buenas (18) good afternoon
el **buey** (24) ox
el **bufete** (21) office
el **buho** (24) owl
la **burbuja** bubble
el baño de burbujas (10) bubble bath
burlarse (10) to laugh at
buscar (3, 24) to look for
la **butaca** (16, 24) arm chair
el **buzón** (4) letter box

el **caballero** (21, 23) gentleman
el **caballo** (12, 18) horse
la **cabeza** (1, 9, 16, 17) head
caber (25) to fit
la **cabina** (5, 28) booth
la **cabra** (12) goat
el **cabo** (10) the end

al fin y al — (10) at last
el **cacahuete** (17) peanut
cacarear (12) cackle
el **cachivache** piece of junk
cada (15, 19) each
el **cadáver** (2, 12) corpse
caer (3, 6) to fall
  dejar — (10) to drop
caerse (14, 24) to fall down
el **café** (15, 27) coffee; café
  el — solo (27) black coffee
la **cafetería** (8) cafeteria
la **caja** (20, 21, 22) box; teller's window
  la caja registradora (22) cash register
el **calamar** (15) squid
el **calcetín** (23) sock
calcular (24) to calculate
el **caldo** (12, 15) broth
calentar (19) to heat
caliente (18) hot
calmar (6) to calm
calmarse (16) to calm down
calvo (3, 28) bald
la **calzada** (13) highway
callado quiet, reserved
callarse (10) to keep quiet
  — la boca (10) to shut up
el **callejón** (1) alley
la **cama** (20, 21) bed
el **camarero** (15) waiter
el **camarón** (15) shrimp
la **camioneta** (5, 12) pick-up truck
cambiar (19) to change
cambiarse (22) to change
  — de ropa (22) to change clothing
el **cambio** (8, 25) change
la **camilla** (6) stretcher
caminar (1, 3, 4, 27) to walk
el **camión** (6) truck
el **camionero** (6) truck driver
la **camisa** (1, 25) shirt
campestre (9) country (*adj.*)
el **campeón** (11) champion
el **campo** (9) country
el **canal** (16) channel
la **canalla** (5) riff-raff

la **canica** (25) marble (game)
la **canilla** (25) shin
cansado (4, 9) tired
el **cansancio** (16) tiredness
capaz (21, 26) capable
el **capitán** (11) captain
el **capítulo** (16) chapter
la **cápsula** (28) capsule
capturar (21) to capture
la **característica** (5) characteristic
¡caramba! (4) gosh! gee!
cargar (5, 20) to load
cargo (17) load
  a — de (17, 18) in charge of
cariñoso affectionate
la **carne** (15, 22) meat
caro (3) expensive
el **carpintero** (27) carpenter
la **carrera** (27) career
la **carretilla** (22) cart
el **carro** (13) car
la **carta** (14, 24, 25) letter
la **cartita** (14) note
la **casa** (1, 4, 15) house
  en — (16) at home
casado (3, 19) married
casarse (16, 19) to get married
casero (15, 19) homemade
casi (9, 15) almost
el **caso** (8, 12) case
  en ese — (2) in that case
la **caspa** (7, 28) dandruff
el **catarro** cold
la **causa** cause
  a — de (1, 23, 24) because of
causar (2, 13) to cause
cavar (2) to dig
cazar (9) to hunt
la **cebolla** (18, 22) onion
celebrar to celebrate
  — elecciones (26) to hold elections
celebrarse (19) to celebrate
el **cementerio** (2) cemetery
cenar (4, 21) to have supper
el **cenicero** (16) ashtray
el **centavo** (22) cent
el **céntimo** (9) cent
el **centro** (10) center

cepillar (7) to brush
cepillarse (27) to brush (oneself)
cerca: de — (4, 12) near
el **cerdo** (15) pig
la **ceremonia** (19) ceremony
cerrar (24) to close
la **cerveza** (15) beer
el **césped** (11) lawn, grass
  pisar el — (11) to step on the grass
la **cesta** basket
el **cesto** (14, 24) basket
la **cicatriz** (5) scar
el **cielo** (14) sky
la **ciencia** (8) science
el **científico** (26) scientist
ciento (24) hundred
  — por — (5) one hundred per
  cent
cierto (12, 19, 24) certain
el **cigarrillo** (5) cigarette
cincuenta (1) fifty
el **cine** (2, 9, 18) movies
cinematográfico (2) movies (*adj.*)
el **cinturón** (21, 23) belt
el **cirujano** (1) surgeon
la **cita** (2, 11, 14, 23) date
la **ciudad** (1, 4, 9) city
el **ciudadano** (5) citizen
civilizado (26) civilized
la **clara (de huevo)** (21) white (of an
  egg)
claro (3) clear, light
  — que sí (1, 23, 24) of course
la **clase** (2, 14) class
clasificar to classify
clasificado (3) classified
el **clic clic** (7) click, click
la **clienta** (25) customer (*f.*)
el **cliente** (7, 12, 15, 23) customer
el **clima** (25) climate
el **cocido** (15) stew
la **cocina** (3, 22) kitchen
cocinar (19) to cook
el **cocinero** (12) cook
el **coctel** (15) cocktail
el **coche** (13) car
el **cochino** (12) pig
coger (4, 13, 25) to grasp

el **cohete** (28) rocket
la **cola** (22) tail
  en — (18) in line
colgar (5, 16, 18) to hang
la **colmena** (9) beehive
el **colmo** (13, 17) (the) end
  esto es el — (17, 18) this is the
  limit, this is the last straw
combatir (28) to combat
la **comedia** (2, 9, 24) comedy
el **comedor** (3, 20) dining room
comentar (25) to comment
comenzar (3, 22, 23, 24) to begin
comer (1, 9, 11, 15) to eat
el **comerciante** (5) merchant
cometer (23, 26) to commit
la **comida** (15, 19) meal
el **comienzo** (27) beginning
el **comisionado** (5) commissioner
como (10, 19, 23) as
¿cómo? (4) how?
la **comodidad** (7) comfort
cómodo (3) comfortable
el **compañero** (10) companion
la **compañía** (6, 24, 27) company
comparar (11) to compare
complacer (9) to please
componer to compose
  compuesto (12) composed
componerse (25) to pull oneself together
comportarse (17, 19) to behave
comprar (10) to buy
las **compras** (22, 24) purchases
  ir de — (22) to go shopping
el **compromiso** (19) engagement
la **computación** (8) computation
la **computadora** (8) computer
computar (8) to compute
común common
  — y corriente (20, 21) commonplace
la **communicación** (26) communication
con (23) with
concentrar to concentrate
  concentrado (22) concentrated
concreto (12) concrete

condensado (21) condensed
conducir (9, 13) to drive
el conductor (13) driver
conectar (21) to connect
la conferencia (26) conference
confiar en (22) to trust
la confitería (18) candy store
el conflicto (26) conflict
confuso (1) confused
congelar to freeze
　congelado (19, 22) frozen
conocer (18) to know
el conocimiento (24, 27) knowledge
conquistar (18, 21) to conquer
conseguir (2, 7, 14, 19) to get, to obtain
el consejero (8) adviser
el consejo (13, 23) advice
consigo (24) with oneself
consistir en (24) to consist of
constantemente (11, 16, 24) constantly
constar de (18) to consist of
el consultorio (1) doctor's office
el contacto (28) contact
el contador (27) accountant
la contaminación (26) pollution
contar con (11) to count on
contemplar (7) to contemplate
contener (13, 15, 23) to contain
el contenido (21) contents
contento (10) content
contestar (23) to answer
el continente (26) continent
continuo (1) continuous
contra (6, 7, 9) against
contraria (23) contrary
　llevarle la — a (23) to go against, to oppose
　en dirección — (13) in the opposite direction
contrario: al — (3) on the contrary
controlar (10) to control
controlarse (15) to control oneself
convencer (13) to convince
　convincente (11) convincing
convenir en (14) to agree to
convertirse en (27) to change into

cooperar (5) to cooperate
la copa (18) cup, goblet
la copia (24, 25) copy
coqueta (24) flirt
el corazón (1, 21) heart
el corral (12) (barn) yard
correcto (24) correct
corregir to correct
　corregido (8) corrected
correr (12, 14, 21, 27) to run
　salir corriendo (27) to run out
corriente: común y — (27) commonplace
cortar(se) (7) to cut (oneself)
el corte (7) haircut
la corte (6) court
la cortesía (23) courtesy
corto (7) short
los cortos (2) shorts (*movies*)
la cosa (15, 20, 23) thing
el cosmético (10) cosmetic
la costa (26) coast
costar (3) to cost
la costumbre custom
　como de — (10, 20, 27) as usual
el cráneo (16) skull
crecer (6, 21) to grow
creer (3, 24, 25) to believe
　— en (25) to believe in
　— que (4, 17) to think that
　¡ya lo creo! (1) I should say so, you bet!
creerse: — superior a (10) to think oneself better than
el crimen (5, 12, 26) crime
el cristal (16, 28) glass
crudo (10, 18) raw, crude
cruzar (4, 6, 14) to cross
la cuadra (4, 6, 27) block
cuadrado (26) square
el cuadro (16) picture
¿cuál? (1) which
cualquier (15, 20) any
cuando (1, 14, 19) when
¿cuánto? (3, 24) how much
cuanto
　— antes (5) as soon as possible
　en — (2) as soon as

en — (a) (7, 12) as for
unos cuantos (13) some
el **cuarto** (25) room
  el — de baño (27) bathroom
cuatro (18) four
cuatrojos (10) four-eyes
cubrir to cover
  cubierto (2) covered
cubrirse (2) to be covered
la **cucharada** (21) spoonful
la **cucharadita** (1) teaspoonful
el **cuchillo** (9) knife
el **cuello** (5) collar
el **cuenco** (21) mixing bowl
la **cuenta** (1) bill
  darse — de (7) to realize
el **cuero** (23) leather
el **cuerpo** (11, 12) body
la **cuestión** (26) question
el **cuidado** (3, 24) care
  — con (6) be careful with
  tener — (25) to be careful
la **culpa** (10) blame
cultivar to cultivate
  cultivado (12) cultivated
el **cumpleaños** (6, 20, 26) birthday
cumplir to fulfill
la **cuna** (26) cradle
el **cura** (19) priest
curado (1) cured
la **curiosidad** (12) curiosity

el **chaleco** (23) vest
el **champú** shampoo
la **chaqueta** (23) jacket
charlar (6) to chat
el **charlatán** (1) quack (doctor)
chic (23) stylish
la **chica** (11, 14, 18, 19) girl
el **chicle** (24) chewing gum
el **chico** (23) boy
el **"chico ye-yé"** (23) hippie
chillar (2, 11) to scream
chillón (24) loud
la **chimenea** (25) fireplace; chimney
el **chino** (19) Chinese
el **chiquillo** (19) little boy

el **chiste** (1) joke
chistoso (1) funny
el **chorro** jet
  el avión a — (4) jet plane
el **chofer** (6) driver
el **choque** (6) crash
la **chuleta** (2) chop
chupar (28) to suck

la **dama** (21) lady
dar (1, 2, 4, 12) to give
  — a (3) to face
  — con (12) to come upon
  — de comer (17) to feed
  — gritos (17) to shout
  — gusto (19) to be pleasant
  — las doce (6) to strike 12
  — un paso (4) to take a step
  — un salto (20) to jump
darse:
  — cuenta de (12, 22) to realize
  — prisa (9) to hurry
  — una ducha (27) to shower
debajo de (9, 25) under
deber (19, 23, 24) must, ought to
  — de (3) must
el **deber** (5) duty
la **década** (26) decade
decidir (1, 2, 4) to decide
decir (1, 3, 4) to say
  — para sí (7) to say to oneself
decisivo (21) decisive
declarar (14, 19, 26) to declare
el **dedo** (12, 24) finger
el **defecto** (1) defect
defenderse (25) to defend oneself
defensor (21) defense (*adj.*)
dejar (9, 20) to let, to allow
  — caer (10) to drop
  — en paz (6) to leave alone
el **delantal** (8) the apron
delante de (15) in front of
el **delegado** (26) delegate
delgado (28) slender
la **delicia** (4) delight
delicioso (20) delicious

la **delincuencia** (26) delinquency
el **delincuente** (25) delinquent
la **demanda** (6) lawsuit
demandar (26) to sue
los **demás** (11, 12, 19) the rest
demasiado (1, 3) too (much)
demostrar (12, 18) to demonstrate
dentífrico (16) tooth (*adj.*)
dentro (de) (4, 5, 17) inside (of)
el **departamento** (25) department
depender (20) to depend
— **de** (25) to depend on
el **dependiente** (22) clerk
depositar (11) to deposit
depravado (5) depraved
deprimido (20) depressed
la **derecha** (4) (the) right
a la — (12, 16, 18, 24) to the right
el **derecho** (6) (the) right
derecho (4, 16) straight
ponerse — (1) to stand up straight
derretir (18) to melt
desabrochar (21) to unbuckle
el **desacuerdo** (26) disagreement
desafortunadamente (5, 14) unfortunately
el **desarmamento** (26) disarmament
desarrollarse (16) to develop
en desarrollo (26) developing
desayunar (16) to eat breakfast
el **descenso** (28) descent
descolgar (5) to unhook
el **descubrimiento** (26) discovery
descubrir (12) to discover
el **descuido** (12) carelessness
desde (2, 14, 25) from, since
— **luego** (1) of course
el **desdén** (24) disdain
desear (3) to desire
desempaquetar (4) to unpack
desengañado (20) disillusioned
el **deseo** (9) desire
desgraciado (10, 24) miserable, wretched
desierto (5) desert
desilusionado (3, 17, 18, 20) disillusioned
desmayarse (2) to faint

desobedecer (17) to disobey
desocupado (15) unoccupied
el **desodorante** (16) deodorant
el **despacho** (24, 27) office
despedir (26) to fire
despedirse de (20) to say good-bye to
despegar (21) to take off
el **despegue** (21) take off
despejar to clear up
despejado (8) clear (*weather*)
desperdiciar (21) to waste
despertar (7, 19) to awake
despertarse (6, 28) to wake up
el **despertador** (27) alarm clock
después de (1, 3, 4, 9) after
destructivo (26) destructive
el **detalle** (25) detail
detenerse (11) to stop
detrás de (9, 14, 20) in back of
devolver (18) to return
devorar (15, 22) to devour
devoto (12) devoted
el **día** (1, 3, 4) day
de — (27) in the daytime
hoy — (23) nowadays
el **diablillo** (25) little devil
el **diablo** (3) devil
el **diagrama** (16) diagram
diciembre (25) December
el **dictado** (24) dictation
dictar (24) to dictate
el **diente** (16, 27) tooth
la **dieta** (25) diet
estar a — (21) to be on a diet
ponerse a — (25) to go on a diet
la **diferencia** (16) difference
difícil (23) difficult
la **diligencia** (16) stage coach
el **dinero** (16, 22) money
el **diputado** (16) deputy
la **dirección** (1, 3, 4, 13) address
directamente (8) directly
dirigirse a (18, 27) to go to
— **hacia** (11) to go toward
el **disco** (23) record
la **discoteca** (23) discotheque; record shop
disculparse (10, 24) to excuse oneself

el **discurso** (6) speech
discutir (18) to argue
diseñar (28) to design
  diseñado (21) designed
disfrutar (9, 21) to enjoy
disminuir (27) to diminish
disparar (11, 17) to shoot
  disparado (8) fast, like a shot
el **disparo** (21) shot
dispensar (13) to excuse
dispersarse (12) to scatter
disponible (3) available
dispuesto (a) (13) ready (to)
distinguido (12, 19, 24) distinguished
distinguir (5) to distinguish
distraído (24) distracted, absent
  minded
distribuir (8, 25) to distribute
disturbar (12) to disturb
divertirse (9, 14) to have a good time
  divertido (18) entertaining
dividirse (17) to divide, to split up
doblar (13) to turn
  — a (4) to turn to
  — la esquina (5) to turn the corner
  doblado (1) doubled up, bent over
doble (18) double
doce (7, 20) twelve
la **docena** (21, 22) dozen
el **documental** (16) documentary
doler (1) to hurt
el **dolor** (1) pain
  — de cabeza (16) headache
el **domingo** (3, 23) Sunday
donde (20, 23, 24) where
dormido (7) asleep
  quedarse — (7) to remain asleep
dormir (1, 27) to sleep
dormitar (28) to snooze
el **dormitorio** (3) bedroom
dos (1, 17) two
  de — en — (17) by twos
el **drama** (12) drama
la **droga** (26) drug
la **ducha** (3) shower
el **dueño** (3, 6) owner
el **dulce** (20, 22) candy
duradero (26) lasting

durante (2, 8, 19) during
durmiente (7) sleeping (*adj.*)
  "bello —" (7) sleeping beauty

echar (14, 18, 21) to throw
  — de menos (19) to miss
  — una mirada (5) to glance
  — una siesta (28) to take a nap
  echarse a correr (11) to start to run
la **edad** (23) age
el **edificio** (3, 26) building
el **efecto** (6, 13) effect
  poner en — (11) to put into effect
la **eficacia** (16) usefulness
el **ejemplo** (17) example
  por — (27) for example
el **ejército** (9) army
la **electricidad** (3) electricity
electrónicamente (8) electronically
el **elefante** (17) elephant
elegantemente (24) elegantly
elegir (26) to elect
elocuente (14) eloquent
embargo: sin — (15, 19, 20) nevertheless
empaquetar (9) to pack
empeorar (26) to get worse
empezar (6, 9) to begin to
emplear (7, 14) to employ
el **empleo** (7, 27) job
el **empujón** (27) push
enamorado (16) in love
encantador (18) charming
encantar (2, 21) to charm, to enchant
encargarse de (7) to take charge of
encender (16, 21) to light; to turn on
  (radio, T.V.)
encerrar (5) to lock up
  encerrado (21) locked up
enchufar (25) to plug in
encontrar (3, 4, 9) to find
encontrarse (9) to find oneself
enero (20) January
la **enfermedad** (1) sickness
la **enfermera** (1) nurse

el **enfermero** (6) sick person
engrasar (21) to oil
el **enlace** (19) marriage, engagement
enmascarado (16) masked
enorme (16, 20, 26) enormous
la **ensalada** (9, 15) salad
enseñar (3) to show, to teach
el **ensueño** (11) dream
entablar: — conversación (11, 18) to start a conversation
entablillar (6) to put a splint on
entero (14) entire
entonces (10, 24) then
la **entrada** (2) entrance; ticket (theater)
entrar (3, 10, 15) to enter
entre (3, 24, 26) among, between
   por — (6) among
entregar (1, 12) to hand over
el **entremés** (15) hors d'oeuvre
la **entrevista** (7, 24) interview
el **entusiasmo** (20) enthusiasm
enviar (14) to send
equipar (3) to equip
   equipado (12, 26) equipped
el **equipo** (11) team
la **equis** (3) (the letter) X
equivocarse (24) to be mistaken
la **escalera** (1) stairs
escandinavo (26) Scandinavian
el **escaparate** (5) store window
el **escándalo** scandal
   armar un — (18) to make a scene
escaparse (9) to escape
la **escena** (2, 9, 24) scene
escoger (23, 24, 26) to choose
escolar (8) school (*adj.*)
esconderse (5) to hide
escribir (10, 24) to write
el **escritorio** (10, 24, 27) desk
escuchar (19) to listen to
la **escuela** (17, 20, 22) school
escupir (25) to spit
ese (2, 24) that
   en — caso (2) in that case
el **esfuerzo** (26) effort
eso (4, 19) that
   a — de (15) at about

en — (26) just then
nada de — (23) none of that, not at all
por — (15) for that reason
espacial (21) space (*adj.*)
la **espalda** (1, 5) back
   volver la — (5) to turn one's back
español (14) Spanish
   a la española (15) Spanish style
la **especialidad** (15, 24) specialty
especializarse (23) to specialize
el **espejo** (7, 16, 24) mirror
esperar (1, 9, 15) to wait for
   — que (17) to hope that
la **esperanza** (3) hope
espeso (10) thick
la **esposa** (4, 19) wife
las **esposas** (5) handcuffs
esquiar (19) to ski
la **esquina** (3, 4, 5) corner
   doblar la — (5, 13) to turn the corner
esta (4, 23) this
el **establecimiento** (26) establishment
el **establo** (12) stable
la **estación** (4, 5, 9) season; station
   la — de bomberos (4) firehouse
estacionar to park
   estacionado (5, 6) parked
la **estadía** (28) stay
el **estado** (1) state
el **estante** (16) shelf
estar (4) to be
   — listo (4) to be ready
la **estatura** (1, 23) height
este (1, 15) this
estereofónico (13, 19) stereophonic
el **estilo** (16) style
estimar (5) to esteem
estimulante (27) stimulating
esto (1, 10, 19) this
   en — (7, 28) just then
el **estómago** (21) stomach
estornudar (9) to sneeze
estrechar (2) to squeeze
estrecho (3) narrow
la **estrella** (16, 18) star
el **estreno** (2) opening, debut

estupendo (2, 21) stupendous
estúpido (23) stupid
eterno (26) eternal
la **etiqueta** (10) label
estrictamente (17) strictly
la **eventualidad** (21) chance
exactamente (10) exactly
el **examen** (14) examination
excepto (21) except
excesivamente (24) excessively
excesivo (24) excessive
exclamar (1, 10, 15) to exclaim
la **excursión** (17, 26) excursion
exótico (27) exotic
expresarse (14) to express oneself
éxito (23) success
   tener — (23) to be successful
la **exportación** (24) export
expulsar (17) to expel
el **extracto** (21) extract
extranjero (8) foreign
extraño (5) strange
extraordinario:
   horas extraordinarias (27) overtime

fabuloso (23) fabulous
la **facción** (5) feature
fácil (5) easy
la **facilidad** (26) ease
facilísimo (21) very easy
fácilmente (20) easily
la **falda** (23) skirt
   la **mini- —** (23) mini-skirt
falta (26) error
   hacer — (23) to be lacking, to be missing
faltar (3, 12) to be missing
la **fama** fame
   tener — de (12) to have a reputation as
familiar (22) familiar; relation
el **fanático** (9) fanatic; fan
el **farol** (13) headlight
el **favor** (2, 20) favor
   a — de (12) in behalf of

por — (2) please
favorecer (26) to favor
la **fé** (25) faith
febrero (20) February
la **fecha** (1, 24) date
felicidad happiness
   ¡felicidades! (20) congratulations!
feliz (3, 21) happy
felizmente (19) happily
femenino (21) feminine
la **ferretería** (4) hardware store
el **fiambre** (9) cold cut
los **fideos** (15) noodles
la **fiesta** (19, 20, 23) party
la **figura** (6, 11) figure
fijarse (en) (3, 6, 12) to notice
la **fila** (14) row
el **fin** (1, 19) end
   al — (1, 15) finally
   al — y al cabo (10) finally
   por — (9, 20) finally
el **fiscal** (12) district attorney
físico (1, 8) physical
flaco (11) skinny
flamenco (3) Flamenco (*Spanish dance*)
el **flan** (15) custard pudding
la **flecha** (11) arrow
la **flor** (9) flower
la **florería** flower shop, florist
el **florero** (16) vase
flotar (26) to float
el **fondo** bottom, back
   al — (5, 12, 14, 16) in the back
forma (13, 20) form
   no hay — (26) there's no way
formar (17) to form
formarse (6) to be formed
el **formulario** (1) form, application
la **fortuna** (3) fortune
el **fracaso** (14, 21) failure
francés (19) French
el **frasco** (21) jar
el **fraude** (25) fraud
fregar (16) to scrub, to wash dishes
el **freno** (6, 12) brake
freír to fry
   frito (15, 18) fried

frente a (4, 18, 22) facing
la **frente** (5, 17) forehead
la **fresa** (18) strawberry
fresco (2, 15) fresh
  aire — (9) fresh air
frío (15, 16) cold
la **frontera** (21) frontier
frotar (11) to rub
frotarse (5) to rub (oneself)
la **fruta** (15) fruit
el **fuego** (16, 27) fire
la **fuente** (18) fountain
fuera (de) (17, 19) outside (of)
fuerte strong
fuertemente (3, 11) strongly
la **fuerza** (25) force
  a la — (20) by force
fugarse (16) to flee; to elope
fumar (21) to smoke
la **función** (2) show
funcionar (25, 26) to work
furioso (1, 17, 22) furious
el **fuselaje** (28) fuselage
el **fusible** (25) fuse
el **fútbol** (11) soccer
el **futuro** (7, 20) future

el **gabinete** (1) office
las **gafas** (1, 11, 24) glasses
la **galería** (2) balcony (theater)
la **galleta** (22) cracker
la **gallina** (2, 12) chicken
  carne de — goose flesh
el **gallinero** (12) chicken coop
la **gana** desire
  de buena — (27) willingly
ganar (22) to earn
ganarse (19, 20) to earn
ganas wishes, desires
  tener — de (18) to feel like
la **ganga** (3, 12, 23) bargain
el **ganso** (12) goose
el **garaje** (3, 27) garage
garantizar to guarantee
  garantizado (27) guaranteed

la **garganta** (1) throat
la **gaseosa** (18) soda pop
la **gasolinera** (13) gas station
gastar (20) to spend
gastronómico (15) gastronomic (*pertaining to cooking*)
el **gato** (5, 12) cat
general general
  por lo — (5, 15) generally
generalmente (1) generally
el **genio** (10) genius
la **gente** (16) people
gentil (17, 18) kind
la **geometría** (8) geometry
el **gerente** (23) manager
el **gimnasio** (8, 14) gymnasium
el **globo** (20) balloon
el **gobierno** (26) government
golpear (16) to hit
el **gordiflón** (25) fatso
gordo (9) fat
gordito (22) fatty
el **gorila** (17) gorilla
la **gota** (9) drop
gozar de (1) to enjoy
gracias (3, 24) thanks
  dar las — (25) to thank
gracioso (27) funny
grande (3, 9, 10) big
la **granja** (12) farm
la **grasa** (21) fat
gratis (22) free
grave (6) serious
gris (23) grey
gritar (9, 20, 25) to shout
el **grito** (6, 17) shout
  dar gritos (6) to shout
grueso (3) fat, thick
el **grupo** (17, 25) group
el **guante** (23, 25) glove
guapo (11, 20, 27, 28) handsome
el **guardafango** (12) fender
guardar (21) to keep
el **guardia** (4, 7, 17) guard
la **guerra** (18, 26) war
gustar (2, 9, 10) to like
el **gusto** (8) like, liking
  con mucho — (3) gladly

dar — (19) to be a pleasure
tener buen — (23) to have good taste

la **habilidad** (24) ability
la **habitación** (3, 4) room
el **habitante** (4) inhabitant
hablar (14) to speak
 — para sí (18) to talk to oneself
hablador talkative
hacer (12, 24) to do, make
 — caso (4) to pay attention
 — una llamada (telefónica) (4) to telephone
 — mandados (22) to run errands
 — el papel de (26) to play the role of
hace (dos semanas) que (1, 4) (two weeks) ago
hace mucho frío (25) it's very cold
haga Vd. el favor de ... please
hacerse (25) to become
hacia (8) toward
la **hacienda** (12) ranch
hallar (11, 26) to find
el **hambre** (15) hunger
 tener — (8, 9) to be hungry
hambriento (15) hungry
la **hamburguesa** (18) hamburger
la **harina** (21) flour
hasta (3, 4, 9, 11) until
 — luego (4) see you later
hay (15, 19) there is, there are
 — que (3, 15, 17) one must
el **hecho** (12) fact, deed
el **helado** (15, 18) ice cream
herir (6) to wound, to injure
 la **herida** wound, injury
la **hermanita** (25) kid sister
el **hermano** (9, 20) brother
el **hermanito** (22) kid brother
hermoso (10) beautiful
el **héroe** (9) hero
la **herramienta** (27) tool
el **hidrante —** fire hydrant
hidráulico (13) hydraulic

el **hielo** (18) ice
la **hierba** grass
higiénico (22) hygienic
el **hijo** (3, 19, 23) son
hipnotizar to hypnotize
 hipnotizado (11) hypnotized
hito: de —en — (7) from head to toe
la **hoja** (9) leaf
la **hojuela** (22) flake
¡hola! (4) hello!
el **holgazán** (22) lazy person
el **hombre** (2, 4, 20) man
el **hombro** (6, 11) shoulder
honesto honest, reliable
la **hora** (4, 8, 11) hour
 es — de (20) it's time to
el **horario** (2, 8) schedule
la **hormiga** (9) ant
el **hormiguero** ant hill
el **horno** (21) oven
el **horóscopo** (20) horoscope
horrendo (2) horrible
hoy (10, 15, 23) today
 — día (23) nowadays
 la **huelga** strike
 ir de — (27) to go on strike
el **huérfano** (12) orphan
el **hueso** (9) bone
el **huevo** (15, 21) egg
humeante (15) steaming
husmear (12) to sniff

ida: — y vuelta (21) round-trip
la **iglesia** (19) church
ignorar (12, 18) to ignore
igual (19) same, equal
igualmente (9) equally
importar (15, 19, 23) to matter
 no importa (7, 27) it doesn't matter
el **impuesto** (24) tax
incapaz (12) incapable
incesantemente (16) incessantly
incluír (3, 15) to include
incorporarse (6) to sit up; to get up
increíble (21) incredible
increíblemente (23) incredibly

el **indio** (16) Indian
inesperado (12) unexpected
influído (19) influenced
el **informe** (5) report
la **infracción** (24) infraction
el **inglés** (8) English, Englishman
ingrato (20) ungrateful
inmediatamente (8) immediately
inmóvil (12) motionless
inolvidable (3) unforgettable
el **inquilino** (3) tenant
insistir (en) (4) to insist (on)
instalado (4) installed, lodged
instalarse (13) to move into
insuperable (14) insurmountable
interesar (12) to interest
el **intermediario** intermediary
el **interrogatorio** (12) questioning
interrumpir (6, 20, 23, 26, 28) to interrupt
la **intersección** (13) intersection
intrigar (16) to puzzle
la **inyección** (6) injection
ir (1) to go
— **a** (2, 4) to go to
— **a pie** (4) to go by foot
— **bien** (23) to go well
— **con** (23) to go with
— **de compras** (22) to go shopping
Que te vaya bien (25) good luck; take care
irse (2, 15) to leave
italiano (8, 19) Italian
la **izquierda** (12, 18) left
a la — (18, 24) to the left

el **jabón** (22) soap
la **jaula** (17) cage
el **jefe** (7, 16) boss
la **jira** (9) picnic
el **joven** (11, 23, 24) youth
la **joya** (24, 25) jewel
el **juego** (18) game
el — **de niños** (21) child's play
el **jueves** (15) Thursday

el **juez** (6, 12) judge
jugar (19) to play
— **a la pelota** (11) to play ball
— **una mala pasada** (10) to play a trick on
el **jugo** (15, 22) juice
el **juguete** (25) toy
el **juicio** (12) trial
julio (20) July
junio (20) June
junto (a) (18) next (to)
estar — (14) to be next to
el **jurado** (6, 12) jury
justamente (25) exactly
justo just
juvenil (25, 26) youthful, juvenile

el **labio** (5, 14) lip
la **labor** (27) work, labor
el **labrador** (12) farmer
el **lado** (2, 3, 4) side
al — (4) next to
a un — (23) to one side
por todos lados (9, 28) everywhere
el **ladrón** (5) thief
el **lago** (9, 12) lake
la **lágrima** (25) tear
la **lámpara** (16) lamp
la **langosta** (15) lobster
lanzar (21) to throw
lanzarse (21) to throw (oneself)
el **lápiz** (24) pencil
largo (1, 22, 24) long
la **lata** (10, 19, 21) tin can
lavarse (1, 20) to wash up
leal (12) loyal
la **lección** (23) lesson
la **leche** (15, 18, 22) milk
la **lechuga** (15) lettuce
leer (3, 24) to read
lejano (9) distant
lejos (3, 16) far away
— **de** (13) far from
la **lengua** (1, 8) tongue
el **lente** (24) lense

lentes de contacto (24) contact lenses
lentamente (21, 27) slowly
lento slow
el **león** (17) lion
la **lesión** (6) injury
el **letrero** (17, 18, 21) sign
levantar to lift
— **la vista** (4, 24) to look up
levantarse (1, 2, 20, 24) to get up
la **ley** (13, 19, 25) law
la **libra** (1, 22) pound
libre (9, 19) free
la **librería** bookstore
la **libreta** (24) notebook
el **libro** (21, 24) book
el **licor** (19) liquor
ligero (8) light
la **limonada** (18) lemonade
el **limpiabotas** (7) shoeshine boy
el **limpiaparabrisas** (13) windshield wiper
limpiar (19) to clean
lindo (14) pretty
la **linterna** (2) flashlight
la **liquidación** (23) liquidation
listo (4, 9, 25) ready
estar — (4) to be ready
— **para** (10) ready for
el **litro** (22) liter
el **lobo** (2) wolf
loco (14, 25) crazy
estar — **por** (14) to be crazy about
volverse — (21) to go crazy
el **locutor** (16) announcer
el **lodo** (9) mud
lograr (2, 14) to achieve
luego later
desde — (1) of course
hasta — (4) see you later
lugar (4, 12, 27) place
en — **de** (3) instead of
el **lujo** luxury
de — (12) de luxe
lujoso (3) luxurious
la **luna** (2, 3, 14) moon
el **lunes** (3, 14) Monday
la **luneta** (2) orchestra seat

la **luz** (3, 6, 21) light
a la — **de** (2) in the light of

la **llama** (27) flame
llamar (3, 6, 7) to call
— **a la puerta** (7) to knock on the door
llamarse (24) to be named
la **llanta** (12) tire
la **llegada** (6) arrival
llegar (3, 4, 10, 15) to arrive
— **a ser** (27) to become
lleno (12, 19, 20) full
luna llena (2) full moon
llenar (1, 13) to fill
llevar (1, 9, 24) to carry; to wear
llorar (25) to cry
la **lluvia** (9) rain

los **macarrones** (22) macaroni
la **madre** (3) mother
¡ — **mía!** (2) oh my goodness!
el **maestro** (10, 14, 17) teacher
magnífico (3, 11, 20) magnificent, great
el **maíz** (12, 22) corn
las rositas de — (2) popcorn
la **maleta** (4) suitcase
la **malteada** (18) malted (drink)
la **mamá** (8, 20, 23) mother
la **mamacita** (25) mammy
la **mancha** (1) stain
el **mandado** (22) errand
hacer mandados (22) to run errands
mandar (6, 22) to send
manejar (12) to drive
la **manera** (4, 24, 26) way, manner
de todas maneras (4, 20) any way
la **manicura** (7) manicure
la **mano** (2, 15, 24) hand
— **a** — (2) hand in hand
manso (27) tame
la **manta** (11) blanket
el **mantel** (9) tablecloth

mantener (17, 26) to keep
la mantequilla (15, 21) butter
mañana (8, 14, 25) tomorrow
   pasado — (15) day after tomorrow
el maquillaje (24) makeup
la máquina (24) machine
   a — (24) typewritten
la maquinilla (7) clippers
el mar (11) sea
la maravilla (5, 17) marvel
maravilloso (25) marvelous
marcar (5) to dial
marcharse (5) to leave
marciano (21) Martian
el marido (12, 19, 23) husband
el marinero (27) sailor
la mariposa (9) butterfly
el marisco (15) seafood
el martes (21) Tuesday
el martillo (16) hammer
el martirio (20) torture
marzo (20) March
más (1, 4, 15) more
la masa (21) dough
el masaje (7) massage
la máscara (28) mask
masticar (24) to chew
matar (11, 12, 22) to kill
   — el tiempo (22) to kill time
las matemáticas (8, 24) mathematics
el matrimonio (19, 23) (married)
   couple
mayo (20) May
la mayonesa (15) mayonnaise
mayor (20, 22) oldest
   persona — (17) adult
la mayoría (5) majority
mecánico (12, 27) mechanic
la mecanografía (24) typing
mediano (23) medium
   mediana edad (23) middle-aged
el médico (1) doctor
medio (15, 24) half
   en — de (4) in the middle of
   las siete y media (8, 23) seven
   thirty
medir (23) to measure
el mediterráneo (26) Mediterranean

la mejilla (5) cheek
mejor (1, 4, 15) better
   a lo — (18) probably
melodioso (22) melodious
mencionar (18, 20) to mention
menor (2, 9) younger(st)
menos (5) less
   — mal (13) it's a good (lucky)
   thing
   por lo — (20) at least
mensaje (16) message
mensual (3) monthly
la mente (5, 14, 21) mind
menudo: a — (20) often
memoria: de — (13) by heart
merecer (12, 18) to deserve
el mes (1) month
   al — (3) monthly
la mesa (15, 16, 18) table
la mesita (16, 24) coffee or end table
meter (11, 17, 21) to insert
el método (26) method
la mezcla (21) mixture
mezclar (21) to mix
el miedo (2) fear
   dar — (2, 5) to frighten
   tener — (18) to be afraid
la miel (3) honey
el miembro (12) member
mientras (4, 20) while
mil (19, 25) thousand
   miles (9) thousands
el milagro (13) miracle
la milla (13) mile
la mini-falda (24) miniskirt
el mínimo (15) minimum
la mirada (11) look
mirar (15, 16, 20) to look
mismo (1, 20, 24) same
mixto mixed
   ensalada mixta (15) mixed salad
la moda (23) fashion
   a la — (18, 23) in fashion
   el último grito de la — (23) latest
   fashion
módico (3) economical
el modo way
   de todos modos (8) anyway

mojado (9) wet
— **hasta los huesos** (17) drenched
el **molde** (21) mold
moler to grind
molido (22) ground
molestar (1, 8, 17) to bother
molesto (23) bothered
la **molestia** bother
tomarse la — (25) to take the
trouble to
el **mono** (17) monkey
el **monstruo** (2) monster
montar (17) to ride
— **bicicleta** (17) to ride a bicycle
morir (19) to die
la **mostaza** (18) mustard
el **mostrador** (18, 22) counter
mostrar (8) to show
la **motocicleta** (10) motorcycle
el **motor** (10, 13) engine
mover (1, 10, 16) to move
el **movimiento** (26) movement
el **mozo** (15) waiter
el **muchacho** (11, 23, 24) boy
la **muchedumbre** (6) crowd
mucho (1, 3, 10) a lot
por — **que** (14) no matter how
much
muchísimo (1) a whole lot
mudar (5, 9) to move
muerto (16) dead, deceased
el **muerto** (1) dead man
la **mujer** (4, 15, 19) woman
la **multa** (13, 17) fine
multar (17) to fine
multicolor (23) many-colored
mundial (8) world (*adj.*)
el **mundo** (20, 26) world (*noun*)
todo el — (9) everybody
el **muñequito** (16) cartoon
musculoso (11) muscular
muy (1, 7, 19) very

nacer (19, 25) to be born
el **nacimiento** (1) birth
nada (1, 3, 15) nothing
— **de eso** (23) none of that
de — (4) you're welcome
nadar (11, 12) to swim
nadie (10, 20) nobody
la **naranja** (22) orange
la **nariz** (1) nose
la **naturaleza** (9) nature
la **navaja** (7) razor
la **nave** (21) ship
la **navidad** (25) Christmas
necesitar (1, 3, 23) to need
negar (25) to deny
negociar (27) to negotiate
el **negocio** (5) business
negro (14) black
el **nervio** (6) nerve
nerviosamente (1) nervously
la **neutralidad** (26) neutrality
ni (15) neither
— ... — (1, 7) neither ... nor
el **nido** (9) nest
el **nilón** nylon
ningún (20, 22, 24) none
la **niña** (8, 17) girl
la **niñez** (21) childhood
la **niñita** (25) little girl
el **niño** (20, 25) boy
los **niños** (4, 8) children
el **nivel** (26) level
la **noche** (2, 3, 4, 18) night
de — (27) at night
por la — (18) at night
el **nombre** (1, 14) name
a — **de** (10) in the name of
el **norte** (25) north
norteamericano North American
notar (9) to notice
el **notario** (6) notary
las **noticias** (12, 16, 27) news
el **noticiero** (2, 16) newscast
la **novedad** (17) novelty
la **novia** (9) bride
noviembre (20) November
nublado (9) cloudy
nuestro (4, 15, 26) our
nuevo new
de — (8) again, anew
la **nuez** (las **nueces**) (18) walnut

el **número** (1, 4, 5) number
nunca (4, 15, 16) never
nutritivo (28) nutritious

obedecer (17) to obey
el **objeto** (24) object
la **obra** (7) work
  manos a la — (7) let's get to work
  una — maestra (7, 21) masterpiece
el **observador** (26) observer
ocho (5, 23) eight
octubre (20) October
ocurrir (6, 22) to happen
ocurrírsele a uno (14, 22) to occur to
  someone
el **oeste** (16) west
la **oferta** (12) offer
la **oficina** (8, 24, 27) office
el **oficio** (27) trade
ofrecer (7, 10, 26) to offer
  ¿Qué se le ofrece? (23) What can
  I do for you?
el **oído** (1) ear
  al — (6) softly
oír (1, 2, 3) to hear
  — decir (2) to hear
  oígame (23) listen to me
  se oye (24) is heard
el **ojo** (1, 11, 24) eye
la **ola** (11) wave
oler (10) to smell
  — mal (10) to smell bad
olvidar (23) to forget
  se me olvida (4) I forget
olvidarse de (9, 10, 20) to forget
  about
once (22) eleven
la **onda** (7) wave
  la — permanente (7) permanent
  wave
la **onza** (21) ounce
la **orden** (14, 15) order
  en — (5) in order
ordeñar (12) to milk
la **oreja** (1, 20) (outer) ear
  de — a — (22) from ear to ear

la **organización** (26) organization
  la **Organización de las Naciones**
  Unidas (26) United Nations
el **orgullo** (19) pride
orgulloso (5, 20) proud
la **orilla** (11) shore
la **oscuridad** (2) darkness
oscuro (3, 11, 14) dark
la **OTAN** (26) N.A.T.O.
el **otoño** (23) autumn; fall
otro (4, 15, 24) another
  ni la una ni la otra (2) neither one
la **oveja** (12) sheep

padecer (1) to suffer from
el **padre** (16, 20) father
  los **padres** (20, 25) parents
pagar (1, 5, 10) to pay
  me las pagarás (10) I'll get even
  with you
el **país** (26) country
el **paisaje** (9) countryside, landscape
la **paja** (17) straw
el **pájaro** (16) bird
la **palabra** (20) word
  tener la — (26) to have the floor
la **paleta** (18) ice cream pop
la **palmada** (1) a pat
el **pan** (15, 27) bread
la **panadería** (4) bakery
la **pandilla** (16, 22) gang
el **panecillo** (22) roll
la **pantalla** (2, 16) screen
el **pantalón (los pantalones)** (23) pants
el **pañuelo** (18) handkerchief
el **papá** (23) father
la **papa** (9, 15, 18, 21) potato
el **papel** (22, 24) paper
  hacer el — de (12) to play the role
  of
las **paperas** (1) mumps
el **paquete** (10, 20) package
el **par** (23, 25) pair
para (1, 19, 23) for
  — sí (24) to himself

la **parada** (4) stop
el **paraíso** (3) paradise
parar (13) to stop
  (estamos) parando (4) (we're)
  staying
  parado (13) stopped
pararse (9) to stop
parecer (3, 7, 10) to seem
  parece que (7, 20, 23) it seems that
la **pared** (3, 16, 19, 24) wall
  de — a — (19) wall-to-wall
la **pareja** (5, 18) couple, pair
el **parque** (4, 17, 22) park
la **parte** part
  en ninguna — (5) nowhere
  por todas partes (9) everywhere
partir (10, 16) to depart
pasado (19, 20) past
  son las nueve pasadas (26) it's past
  nine
el **pasajero** (6, 21) passenger
pasar (1, 2, 4) to pass
pasearse (11) to take a walk
el **pasillo** (3, 14) hallway, corridor
el **paso** (11, 21, 26) step
  dar el — (21) take the step
la **pasta dentífrica** (16) toothpaste
el **pastel** (18) pie
la **pastilla** (10, 21) tablet
la **patada** kick
  dar una — (25) to kick
la **patilla** (14) sideburn
el **patín (los patines)** (25) skate
patinar (18) to skate
el **pato** (12) duck
el **patrocinador** (16) sponsor
el **patrón** (27) boss
patrullero (5) patrol (car)
el **payaso** (23) clown
la **paz** (16, 19) peace
  dejar en — (6, 16) to leave alone
  vivir en — (26) to live in peace
el **peatón** (6, 13) pedestrian
pecoso (11, 23) freckled
el **pedazo** (3, 17, 18, 21) piece
  hacer pedazos (14) to break into
  pieces
el **pedido** (24) order

pedir (18) to ask
pegar (25) to hit
el **peinado** (7) hairdo
pelear (10) to fight
la **película** (2, 16, 18) movie
el **peligro** (5) danger
peligroso (26) dangerous
el **pelirrojo** (23) redhead
el **pelo** (7, 14, 27) hair
la **pelota** (10, 11) ball
la **peluca** (24) wig
peludo (9) hairy
la **pena**
  no vale la — (18, 19) it's not
  worthwhile
  darle — a (7) to be sorry
el **pensamiento** (14) thought
pensar (14, 15, 19) to think
  — en (22) to think about
peor (14, 19) worse
perder (1, 20, 23) to lose
  — la tarde (22) to waste the afternoon
  — tiempo (8, 20, 26) to waste time
perderse (4, 10, 17) to get lost
la **pérdida** (5) loss
el **periódico** (3, 5, 24) newspaper
pero (1, 3, 15) but
el **perro** (9, 18, 19) dog
perseverante (20) persevering
el **personaje** (24) character
el **personal** (7) personnel
la **pesadilla** (2) nightmare
pesado (10) heavy
pesar to weigh
  a — de (6) in spite of
el **pescado** (15) fish (*food*)
el **pescuezo** (12) neck
el **peso** (1) weight
la **pestaña** (24) eyelash
pestañear (24) to wink
el **pez** (26) fish
el **pie** (1, 19, 23) foot
la **piedra** (9, 15) stone
la **piel** (25) skin
la **pierna** (6) leg
la **pieza** (3) piece
la **píldora** (28) pill

el **piloto** (28) pilot
pintar to paint
  pintado (12) painted
la **pintura** (3) paint; painting
la **piñata** (20) hollow clay figure filled
  with sweets
pisar (12) to step on
el **piso** (3, 19, 24) floor
la **pistola** (16) pistol
la **pizarra** (10) blackboard
planear (26) to plan
el **planeta** (21, 26) planet
plano (1) flat
la **platea** (2) (rear) orchestra (*thea-*
ter)
el **plato** (8, 15) dish
la **playa** (11) beach
la **plaza** (24, 27) (job) opening
el **plomero** (27) plumber
la **pluma** (12) pen
pobre (1, 15) poor
poco (6, 15, 24) little
  — a — (26) little by little
  por — (6) almost
poder (1, 2, 4, 19) to be able to
  no — menos que (5) can't help but
el **poema** (10) poem
el **policía** (4) policeman
la **policía** (5) police
el **polo** (25) pole
el **polvo** (21, 22) powder
  el — de hornear (21) baking powder
el **pollito** (24) chick
el **pollo** (25) chicken
el **pomo** (22) jar
el **poncho** (23) poncho (*article of*
clothing)
poner (3, 15, 16) to put; to place
  — una multa (17) to give a ticket
ponerse (1, 10, 20) to put on
  — a (27) to start to
  — derecho (1) to straighten up
  — en marcha (13) to get going
  — furioso (10) to get angry
  — nervioso (17) to get nervous
por (1, 4, 23) for, by
  — favor (2, 15, 17) please

  — fin (9, 20) at last
  — lo menos (20, 22) at least
  — si acaso (8) in case
  — supuesto (24) of course
¿ — qué? (1, 2, 20) why?
porque (4) because
portarse to behave
  — bien (25) to behave well
portátil (5) portable
el **portavoz** (26) spokesman
el **portero** (3) doorman
la **posibilidad** (8, 18) possibility
posible (15, 24) possible
  lo más pronto — (3) as soon as
possible
postizo (24, 25) false
el **postre** (15) dessert
la **potencia** (16) power
prático (20) practical
el **precio** (12, 22, 24) price
precioso (25) beautiful, precious
la **pregunta** (13, 20) question
preguntar (4, 22) to ask
el **premio** (22) prize
la **prensa** (5, 9) press
preocuparse (1, 4, 23) to worry
presentarse (7, 17, 23) to appear
presidir (12) to preside
la **presión** (1, 28) pressure
prestar to lend
  — atención (4) to pay attention
la **primavera** (9) spring
primero (1, 2, 3) first
principal (11, 26) main
el **principio** (2) beginning
prisa hurry
  darse — (9) to hurry
el **prisionero** (19) prisoner
privado (7, 28) private
probar (15, 19, 21) to try
el **problema** (3, 26) problem
profundamente (7) deeply
profundo (11, 27) deep
el **programa** (8) program
progresista (17) progressive
prohibido (17) forbidden
prohibir (21) to forbid
prometer (2, 16) to promise

el **pronóstico** (9) forecast
pronto (19, 21) soon
 de — (24) suddenly
 lo más — posible (3) as soon as possible
 tan — como (17) as soon as
propio (12) own
proponer (26) to propose
el **propósito** (28) purpose
proseguir (21) to proceed
protestar (6, 12, 26) to protest; to object
el **provecho: buen** (15) hearty appetite
próximo (1) next
la **prudencia** (20) care
el **pudín** (15) pudding
la **puerta** (3, 23) door
pues (1, 17, 24) then
puesto: tener — (25) to have on
el **puesto** (4, 7, 10) stand; seat
 el **— de periódicos** (4) newspaper stand
la **pulgada** (1) inch
punto: estar a — de (9, 17, 20, 22) to be about to
 en — (2, 23) sharp
el **punto** (14) point, period
el **puñetazo** (16) punch
el **pupitre** (14) student's desk

qué
 ¡— va! (4) come on!
 ¿— tal? (22) how are you?
quedar (15, 17) to remain
 — desilusionado (18) to be disappointed
 — lejos (4) to be far
quedarse (6, 9) to stay
la **queja** (17) complaint
quejarse (6, 9) to complain
quemar (25) to burn; to blow (a fuse)
querer (1, 3, 15) to want, to love
 — decir (8) to mean
querido (25) dear

el **queso** (15, 18) cheese
¿quién? who?
quieto quiet
 estar — (6) to be quiet
la **química** (8) chemistry
quinto (3) fifth
quitar (14) to take away, to remove
quitarse (1, 11, 16) to take off
quizás (21) perhaps; maybe

el **racimo** (22) bunch
la **ración** (18) portion
rápido (13, 28) fast
el **rato** (13) while
el **ratón** (12) mouse
la **raza** (26, 28) race
la **razón** (10, 12) reason
 tener — (10, 11, 23) to be right
razonable (12) reasonable
reaccionar (12) to react
la **realidad** (6, 19, 25) reality
 en — (14) really
realizar (20) to realize, fulfill
la **rebaja** (18) discount, reduction
el **receptor** (5, 16) receiver
el **receso** (26) recess
la **receta** (21) recipe
rechazar (21) to reject
recibir (8) to receive
recién (3, 12) recent
reclinarse (28) to lean back
recoger (2, 9, 10, 12) to pick up
reconocer (16) to recognize
recordar (2, 23) to remember
recrear (26) to recreate
el **recreo** (28) recess
el **recuerdo** (21) remembrance
el **recurso** (21, 26) recourse
redondo (21, 26) round
el **refresco** (15, 18, 20) refreshment
regalar (22) to give (a gift)
el **regalo** (10, 20, 25) gift
el **regazo** (25) lap
registrar to search
la **regla** (17) rule
regresar (3, 19) to return

el **regreso** (28) return
el **reino** (17) kingdom
reírse (18) to laugh
el **remedio** remedy
   no hay — (27) can't be helped
la **renuncia** (27) resignation
repente:
   de — (3, 9, 24) suddenly
repetir (4, 10, 27) to repeat
replicar (22) to reply
reportar (26) to report
la **repostería** (21) pastry shop
requerir (27) to require
rescatar (11, 27) to rescue
la **reserva** (26) reserve
el **resfriado** (25) cold
respectivamente (9) respectively
respetar (25) to respect
respirar (3) to breathe
responder (2, 10, 23, 24) to respond,
   to answer
el **resto** (23) remainder
el **resultado** (9, 27) result
resultar (27) to result
   — ser (14) to turn out to be
retocar (24) to touch up
reunir (26) to gather together
reunirse (17, 26) to get together
revés: al — (28) upside down
revisar (8, 13) to go over
la **revista** (16) magazine
el **revoltillo** (15) scrambled (eggs)
el **rey** (19) king
el **rincón** (16) corner
la **risa** (10) laughter
el **robo** (5, 26) robbery
la **roca** (16) rock
rociar (7) to sprinkle
rodeado (19) surrounded
la **rodilla** (23) knee
rojo (10, 14, 25) red
el **rollo** (22) roll
romano (26) Roman
romper (17) to break
   roto (12) broken
la **roncha** (9) welt
la **ropa** (7, 11, 23) clothes
   la **— de moda** (7) stylish clothes

la **rosa** (10, 14) rose
el **rosbif** (15) roast-beef
rubio (24) blond(e)
la **rueda** (6) wheel
el **ruído** (3, 6, 24) noise
la **ruta** (21) route
la **rutina** (27) routine

el **sábado** (3, 18, 19) Saturday
el **sábelotodo** (10) know-it-all
saber (1, 4, 15) to know
   — de memoria (13) to know by
   heart
   ¿saben qué? (18) you know what?
el **sabor** (18) flavor
sacar (1, 8, 9, 20) to take out
la **sacarina** (21) sacharin
el **saco** (21, 25) bag
la **sal** (21, 28) salt
la **sala** (3, 24) living room
   la **— de conferencias** (26) conference hall
el **salario** (27) salary
la **salchicha** (17) sausage, frankfurter
la **salida** (14) exit
salir (3, 12, 19) to go out
   al — (4) upon leaving
salirse con las suyas (16) to have
   one's way
el **salón** (1, 7, 26) hall
   el **— de belleza** (7) beauty parlor
la **salsa** (15, 22) sauce
saltar (25) to jump
salto: dar un — (20) to jump
la **salud** (9, 25) health
saludar (3) to greet
salvar (11) to save
el **salvavidas** (11) life guard
salvo (11) safe
la **sangre** (1, 2, 9) blood
sano (11) healthy
   — y salvo (13) safe and sound
santo (15) holy
el **sarampión** (1) measles
el **sastre** (27) tailor
el **satélite** (21) satellite

satisfecho (22, 23, 25) satisfied
el **Secretario General** (26) Secretary General
secundario (8) secondary
la **seda** (23) silk
seguir (3, 4, 25) to follow
  en seguida (6) right away
  seguido (9, 23) followed
segundo (3, 21) second
la **seguridad** (21) security, assurance
seguro (5, 10, 23) sure
el **seguro** (6) insurance
el **semáforo** (4) traffic light
la **semana** (1, 3, 15) week
semanal (27) weekly
el **semestre** (2, 8) semester
sencillo (16) simple
sentado (4, 20 ,24) seated
sentarse (14, 15, 19) to sit down
sentir (1, 6) to feel (something)
  lo siento (15, 17) I'm sorry
sentirse (1, 20) to feel healthy
la **señal** (13) signal
  la — de alto (13) stop sign
señalar (12, 24) to point (out)
el **señor** (19, 23) sir, gentleman, Mr.
la **señora** (23, 25) madam, Mrs.
la **señorita** (1, 10, 17) Miss
separar (12, 14) to separate
separarse (25) to separate
septiembre (20) September
ser (1, 4, 24) to be
el **ser** (26) being
serio (26) serious
el **servicio** (7) service
servir (1, 20) to serve
  ¿en qué puedo servirle? (1, 18,) what can I do for you?
  para servirle (4) at your service
el **sesohueco** (10) dumbbell
sí (1, 12) yes
  ahora — que (12) now really
siempre (2, 10, 15) always
la **siesta** (afternoon) nap
  echar una — (28) to take a nap
siete (17, 25) seven
el **siglo** (5) century
significar (14, 21) to mean

el **signo** (5) sign
siguiente (1, 10) following
el **silbido** (18) whistle
silvestre (9) wild (plants)
la **silla** (18) chair
el **sillón** (7, 16) armchair
simultaneamente (6) simultaneously
sin (1, 8, 19) without
  — embargo (19, 20) however, nevertheless
la **sinceridad** (10) sincerity
el **sindicato** (27) syndicate; union
sino (27) but
siquiera at least
  ni — (25) not even
la **sirena** (5) siren
el **sirope** (18) syrup
el **sistema** (21) system
la **sobra** (15) leftover
sobrar (22) to be left over
sobre todo (7) above all
sobrevivir (21, 28) to survive
el **socio** (7) member (*of a club*)
el **socorro** (11) aid; help
la **soda** (22) (ice cream) soda
el **sol** (3, 9, 11) sun
solamente (4, 15, 23) only
soleado (8) sunny
solemnemente (17) solemnly
solicitar (13, 27) to solicit
solitario (5, 16) lonely, solitary
solo (24) alone
el **soltero** (19) bachelor
la **sombra** (5) shade
sonar (14, 21) to sound, to ring
soñar (13, 16) to dream
  — con (21) to dream of
sonreír (18) to smile
  sonriente (11) smiling
la **sonrisa** (3, 14) smile
la **sopa** (15) soup
  hecho una — (17) drenched
sorprender (14) to surprise
  sorprendido (24) surprised
la **sorpresa** (20, 21) surprise
la **sortija** (19) ring
sospechar (12) to suspect
el **sospechoso** (12) suspect

el **sótano** (3) basement; cellar
sport: la **chaqueta de —** (23) sport jacket
suave (18) soft
subir (1, 3) to climb
subterráneo (4) underground (*adj.*)
el **subterráneo** (27) subway (*train*)
suceder (6, 20, 23) to happen
sucio (1) dirty
suculento (15) succulent
sudar (20) to sweat
el **suelo** (7, 17, 23, 24, 27) floor
el **sueño** (3, 25) dream
sufrir (6) to suffer
la **suma** (24) sum; total
sumar (22, 27) to add up
supercarretera (6) super highway
la **superficie** (28) surface
el **supermercado** (22) supermarket
suponer (25) to suppose
supremo (18) supreme
supuesto: por — (4, 24) of course

la **tableta** (16, 21) tablet
tacaño (27) stingy
tal such
   ¿Qué — ? (24) Hello! how goes it?
el **taller** (27) (work)shop
también (15) also
tampoco (15) neither
   ni yo — (18) me neither
tan (3, 4, 22) so
el **tanque** (13, 18) tank
tanto (1, 6, 15) so much
   no es para — (8) it's not so bad
   — ... como (23) as much . . . as
la **taquigrafía** (24) steno; shorthand
la **taquilla** (2) ticket booth
la **taquillera** (2) ticket seller
tardar (7, 21) to delay
   — en (23, 28) to be late in
tarde (2, 4, 15) late
la **tarde** (15, 19) afternoon
   buenas tardes (1, 23) good afternoon
la **tarjeta** (6, 8) card

la **taza** (21) cup
el **té** (15, 26) tea
el **techo** (3) roof, ceiling
la **tecla** (24) key (*piano, typewriter*)
telefónico (5) telephone (*adj.*)
la **telenovela** (16) soap opera
el **televisor** (16, 22) T.V. set
el **telón** (12, 16) curtain (*theater*)
el **tema** (11) theme
temblar (3) to shake, to tremble
tembloroso (2) shaky
temer (2, 9) to fear
temprano (3, 14, 20) early
el **tenedor** (9) fork
la **teneduría** (24) bookkeeping
tener (1, 19, 23) to have
   — dolor de cabeza (16) to have a headache
   — éxito (20, 23) to be successful
   — ganas de (18) to want to
   — hambre (8) to be hungry
   — la palabra (26) to have the floor
   — miedo (2) to be afraid
   — prisa (19) to be in a hurry
   — que (3, 4, 16) to have to
   — razón (10, 23) to be right
   — sueño (7) to be sleepy
   — treinta años (19) to be 30 years old
   no — por qué (+ *inf.*) (12) to have no reason for (+ *gerund.*)
tercer (4, 27) third
terminal (27) terminal (*train, bus*)
terminar (14, 15, 16, 26) to finish
   — de (5) to finish doing . . .
   terminado (20) finished
terrestre (28) terrestrial
terriblemente (6) terribly
testificar (12) to testify
el **testigo** (12) witness
el **tiempo** (1, 8) time
   a — (4, 5, 14) on time
la **tienda** (5, 23) store
la **tierra** (12) earth; soil
el **tigre** (27) tiger
las **tijeras** (7) scissors
el **timbre** (14, 21, 26) bell
la **tinta** (15) ink

el **tinte** (7) dye
  el — **de pelo** (7) hair coloring
tinto (15) red (*wine*)
la **tintorería** dry cleaners
típicamente (26) typically
el **tipo** (1, 10) type
  no es mal — (14) he is not bad looking
tirar (9, 25) to pull, to shoot
tirarse (11) to throw oneself
la **toalla** (22) towel
tocar (3, 7, 13, 28) to touch, to play
  no me toques (2) don't touch me
  tocarle a (14) to be one's turn
el **tocino** (22) bacon
todavía (3, 15, 20) yet, still
todo (14, 19, 23) everything
  — **el mundo** (15) everybody
  todos (15) everyone, all
  de todas maneras (20) anyway
tomar (1, 4, 15) to take
el **tomate** (15, 18, 22) tomato
el **tónico** (7) tonic
el **tono** (7, 22) tone
tonto (18, 20, 27) fool
torcer (12) to twist
  torcido (12) twisted
el **toro** (12) ˙bull
torpe (12) clumsy
la **torta** (20, 21) cake
tortilla (15) omelet
tostado (27) toasted
trabajar (19, 20) to work
trabajador hardworking
el **trabajo** (7, 23) work
  el — **por la libre** (27) free-lance
traer (8, 15) to bring
tragar (19) to swallow
traicionar (20) to betray
el **traje** (11, 20, 23) suit
trampa fraud, trick
  hacer trampas (8) to cheat
el **tranquilizante** (6) tranquilizer
transitado (13) busy (*street*)
el **tránsito** (13) traffic
la **transmisión** (12) broadcast
trasero (9) rear, back (*adj.*)
el **tratamiento** (7) treatment
tratar (20, 23) to treat

— **de** (10, 15, 16) to try to
  por mucho que trataba (14) no matter how hard he tried
través: a — de (21) through
trece (23) thirteen
tremendo (15) huge
el **tren** (5, 25) train
tres (4, 15, 23) three
la **tribuna** (12) stand
el **trigo** (22) wheat
el **trineo** (25) sled
la **tripulación** (28) crew
triste (14, 20) sad
triunfante (7) triumphant
trivial (26) trivial, unimportant
la **trompa** (17) trunk (*of elephant*)
el **tronco** (25) trunk (*tree*)
las **tropas** (26) troops
tropezar (14, 20, 24) to stumble
trotar (12) to trot
el **trueno** (9) thunder
la **tumba** (2) grave, tomb

último (3, 10) last
ultra (3) super
único (3, 15, 19) only
la **universidad** (11) university
uno (1) one
  unos some
usar (1, 23) to use
usarse (23) to be in use
el **uso** (10) use
  de — (13) used
útil (24) useful
utilizar (8, 21) to utilize
la **uva** (22) grape

la **vaca** (12) cow
vaciar (5) to empty
vacío (2, 3, 5) empty
valer (25) to be worth
  más vale (15, 25) it's better
  no vale la pena (18, 19) it isn't worth while
el **vampiro** (2) vampire

la **vainilla** (15, 18, 21) vanilla
el **vaquero** (16) cowboy
variado (12, 15) varied
la **variedad** (16) variety
varios (4, 12, 19) several
el **vasito** (18) small cup
el **vaso** (15) glass
el **vecindario** (25) neighborhood
vegetal (21) vegetable
el **vegetariano** (2) vegetarian
el **vehículo** (6, 13) vehicle
veinte (15) twenty
la **velocidad** (6, 13) speed
la **venda** (6) bandage
el **vendedor** (13, 23) salesman
vender (12, 23) to sell
la **venganza** (2) revenge
vengarse (2) to avenge
venir (3, 23) to come
la **venta** (23) sale
la **ventana** (4, 25) window
la **ventanilla** (13, 28) car window
ventilar to ventilate
　ventilado (3) ventilated
ver (1, 3, 15) to see
　a — (1) let's see
　verse (4) to see each other
el **verano** (11) summer
veras: de — (3) really
la **verdad** (1, 20) truth
verdadero (12) true
verde (9, 15, 25) green
la **verdura** (15) vegetable
el **veredicto** (12) verdict
la **vergüenza** shame
　tener — (25) to be ashamed
vestir (21, 23) to dress
　vestido (23, 24) dressed
el **vestido** dress
vestirse (23) to get dressed
la **vez** time
　a la — **que** (5, 21) at the time that
　cada — (2, 10, 18) each time
　de — **en cuando** (11) once in a
　while, from time to time
　en — **de** (9, 15) instead of
　otra — (8, 10, 15) again
　tal — (12) perhaps
　la **última** — (18) last time

una — (1, 18) once
una — **por todas** (21) once and for
all
a veces (9) at times
muchas veces (10) often
tantas veces (4) so many times
la **vía** (6) way, road
viajar (4, 9) to travel
el **viaje** (19) trip
la **vida** (3, 4, 19) life
　ganarse la — (19) to earn one's
　living
viejo (5) old
el **viernes** (20, 22, 26) Friday
vil (12) mean
el **vino** (15) wine
　color — (23) Burgundy
violento (26) violent
la **violeta** (10) violet
las **viruelas** (1) smallpox
visiblemente (8, 24) visibly
visitar (4) to visit
la **vista** (1, 4, 14) view
　a **primera** — (21) at first glance
vivir (19, 26) to live
el **volante** (9, 13) steering wheel
la **voluntad** (9) will
volver (1, 4, 9) to return
　— **a** (16) to start again
volverse (2, 21) to turn, to become
　— **loco** (21) to go crazy
voraz voracious
la **voz** (4, 6, 11, 16) voice
　en — **alta** (25) in a loud voice
　en — **baja** (6) in a soft (low)
　voice
el **vuelo** (22, 28) flight
la **vuelta** (22, 28) change (*money*)
ya (1, 4, 15) already
　— **lo creo** (21) I should say so!

el **zapato** (1, 23) shoe
la **zona** (13) zone
el **zoológico** zoo
el **zorro** (12) fox
el **zumbido** (7) buzzing

Soluciones

Crucigrama   p.50

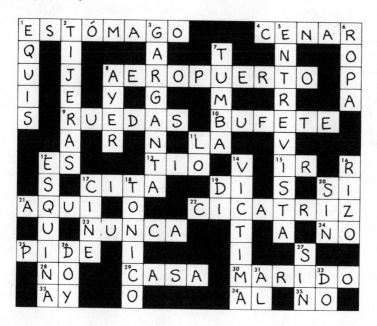

Rompecabezas   p.75

Palabras revueltas   p.102

HORMIGA
NUBE
MARIPOSA
ARBOL
ABEJA

HIERBA

ALUMNO
MUSICA
PROFESORA
PIZARRA
HORARIO

ALMUERZO

Crucigrama en dibujos   p.103

Rompecabezas   p.115

¹P	E	L	I	¹⁴C	U	¹⁶L	A	B	C
¹²E	W	M	²C	A	¹⁵S	A	L	E	¹⁹P
S	P	³A	L	F	O	M	¹⁷B	¹⁸R	A
T	R	T	S	E	F	P	E	I	R
⁴R	O	¹³C	A	Q	A	A	S	N	E
E	⁵V	A	Q	U	E	R	O	C	D
⁶L	I	B	R	O	F	⁷A	Ñ	O	S
L	⁸M	E	⁹S	A	L	A	R	N	Q
A	T	¹⁰Z	A	P	A	T	O	P	N
I	¹¹F	A	M	I	L	I	A	Y	B

Acróstico   p.152

LECHE
ORO
SOPA

MOZO
OBEDECE
NOCHE
OTRA
SOFA

BOTELLAS
AMOR
ISLAS
LANGOSTA
ANIMALES
NOTICIERO

LOS MONOS BAILAN

Crucigrama pictórico   p.153

escritorio + pelo + nido − trineo − sol =
PERIÓDICO

camisa + botas + del − casa − mil − dos =
BATE

aspirina + dólar + fea − línea − F =
ASPIRADORA

Rompecabezas   p.173

P	R	E	S	I	D	E	N	T	E
H	E	P	M	S	E	D	X	I	T
U	D	F	N	L	L	C	M	M	P
M	O	V	P	A	G	A	U	B	F
A	N	P	A	G	A	P	N	R	A
N	D	C	I	U	D	A	D	E	C
O	O	O	S	E	O	Z	O	O	I
M	E	S	A	R	A	Z	A	W	L
E	S	A	I	R	E	A	V	Q	E
S	E	R	M	A	E	R	E	A	S